JN271564

Chubu Centrair International
中部国際空港の
ユニバーサルデザイン
プロセスからデザインの検証まで

編著
谷口　元
磯部友彦
森崎康宣
原　利明

監修　中部国際空港株式会社

鹿島出版会

序 —— 刊行によせて

　成熟社会の到来は経済の低成長を意味し、公共財源の逼迫をもたらす。それをもって、わが国ではもはや社会資本整備の時代は終わったと主張する向きがある。実際、昨今は公共事業（インフラ整備）に対する世論の風当たりは大変厳しい。しかし、それは間違いであろう。成熟社会であればこそ、地域社会における人々の交流とふれあいはいよいよ重要であり、今後急激に増加するであろう高齢者も、これまで何かと外出を抑制されてきた身体障害者も、そして自動車の運転が許されない子ども達や妊産婦などの人々も、いわゆる健常者と同じように街中を動きまわることができる情況をつくり出すことが求められる。このノーマライゼーションを地域社会に実現するためには、とくに生活基盤を中心とした社会資本整備がまだまだ必要であり、質・量共に今後一層の進展が図られねばならない。むしろ、それは生活の質的な豊かさが求められる成熟社会の中心課題といえるのではないか。

　新世紀の国際ゲートウェイとして整備されることになった中部国際空港・セントレアが、そのターミナル設計コンセプトの1つにユニバーサルデザイン（UD）を掲げたことは、この文脈からすれば、むしろ当然のことといえる。しかし、それを計画・設計・施工の各段階を通して貫きとおすことは前例のない試みであった。全体としては工期と建設費を共に圧縮することが至上命令とされるなかで、急がば廻れとばかりに、多方面の当事者や有識者に経験談を聴き、設計者や施工者と共に相談を重ねつつ、これを実現する途を選択された中部国際空港株式会社の決断は、まさに大英断の誉れに値すると思う。しかも、それに成功したのである。このUDの概念はターミナルビルのみならず、空港と交通機関を結ぶアクセスプラザへ、空港に隣接するホテルへと範囲を拡大し、いまや地域全体のバリアフリー化推進に向けて、大きなうねりを形成しつつある。また、いわゆるインフラとしての施設整備に留まらず、人的サービスのあり方にまで拡がり、日々の営みとして持続されるであろう。

　もとより、こういった努力には完成といった言葉はない。今後とも幾多の改善を重ねつつ、永続的な活動として展開されていく必要がある。その意味でも、今回の作業過程でつくり出された組織は、よい先例として機能するであろう。そしてこのたび、この組織の活動の内容と成果が一冊の書物として刊行されることになった。よき先例を、広く後に語り伝える働きを大いに果たされることを祈念して、刊行に送る序としたい。自らも、このような素晴らしい研究会活動の一員に加えて頂けたことの幸運を感謝しつつ。

岐阜大学地域科学部教授／竹内伝史

はじめに

　開港から2年を経た中部国際空港ですが、ここを訪れるたびに、必ず車いすに乗る人を見かけます。飛行機に乗る人にも、空港に遊びに来る人にも、なるべく多くの人に使いやすい空港をめざしていた私たちの取組みが実った証のように感じられます。

　本書は2005年に開港した中部国際空港におけるユニバーサルデザイン（以下、UD）の取組みについて、設計コンセプトの紹介から、導入にいたる検証プロセス、実際の使用にあたっての評価までを詳細に記したプロジェクトブックです。

　公共空間におけるUDの必要性は、交通バリアフリー法（高齢者、身体障害者等の公共交通機関を利用した移動の円滑化の促進に関する法律）やハートビル法（高齢者、身体障害者等が円滑に利用できる特定建築物の建築の促進に関する法律）、それを受け継いだバリアフリー新法（高齢者、障害者等の移動等の円滑化の促進に関する法律）等、数々の法律や条例の経緯を述べるまでもなく、いまや設計計画の必須条件となっています。では、なぜ中部国際空港のUDをとりあげることとなったか、その経緯を簡単に記します。

　中部国際空港は基本計画（1999年）のパンフレットの冒頭に、「ユニバーサルデザインによる誰もが使いやすいターミナル」と謳われていたことに、筆者らはまず心を打たれ、21世紀の新しい空港のモデルにしようという意気込みを受けました。にもかかわらず、空港建設の当事者自身が、まだ日本ではなじみのないUDという考え方に対してうまく取り組めていないというように見受けられました。

　そんななか空港会社は、多くの方々の関心事である新空港プロジェクトのなかでUDが展開できる可能性を十分に広げるため、2000年6月に「ユニバーサルデザイン研究会」を設置しました。そこに障害者とその支援者、学識経験者、地域住民などが有償無償でこのプロジェクトに協力を行い、2005年2月17日の開港までの約5年間にわたって活動を行ってきました。

　なかでも空港会社がAJU自立の家という社会福祉法人にその実現のための検討を業務委託したこと自体が、非常にエポックメイキングなことでした。障害者自らが運営する障害者のための支援法人が主体となって検討組織をつくって運営し、成果を挙げて報酬を得るという点において、新たなページを開く社会参画のパイロットプロジェクトと位置づけることもできるでしょう。さまざまな障害当事者や支援者、学識経験者、発注者、設計者、施工者、製品メーカー、行政関係者などが一堂に会し、UDの実現のために力を合わせたのです。

　それは、国際空港という巨大なプロジェクトゆえになしえたことであり、他ではめったに真似のできることではないという声もあります。しかし開港後、施設の種類や規模、事業主体の違う企画で中部国際空港からUDを学ぼうとする動きが続いています。そして、中部国際空港で挙げられた成果とプロセス、検証結果を広く地域社会に還元していく必要があるとの声にも押されて、幸いにも今回の試みに参画した筆者らに、出版という好機が訪れました。すべてを語り尽くすというわけにはいきませんが、UDにご関心のある皆さまの参考書の1つに加えていただけるとなれば幸いです。

2007年7月　筆者一同

目次

序——刊行によせて　竹内伝史
はじめに

1章　中部国際空港とユニバーサルデザイン　9

1　中部国際空港とは　10
2　ユニバーサルデザインの導入経過　18

2章　ユニバーサルデザイン・ディテール　27

1　アクセス　27
　　動線計画の考え方　28
　　空港へのアクセス［電車］　34
　　空港へのアクセス［車・駐車場］　40
　　出発動線　44
　　到着動線　50
　　エレベーター　54
　　動く歩道　60
　　エスカレーター　64

2　情報提供　69
　　サイン　70
　　視覚障害者誘導用ブロックと触知案内図　74
　　色彩　80
　　照明　86
　　FIS（フライト・インフォメーション・システム）　90
　　音サイン　96
　　昇降設備の操作盤　102
　　緊急情報提供　108
　　事前情報提供　112

3　ユーティリティ　117
　　トイレ［一般トイレ］　118
　　トイレ［多目的トイレ］　122
　　水飲み機／喫煙室／自動販売機等　126
　　こども広場／授乳室／展望デッキ　127
　　カウンター　128

4　ホスピタリティ・サービス　135
　　コンセッション（飲食・物販施設）　136
　　ホテル　138
　　ソフト　144

おわりに　147
図版・写真出典　148
執筆者紹介　149
本書の情報保障について　150

［コラム］UDをつくるキーワード

1	ユニバーサルデザインとオルタナティブデザイン	33
2	コストと発注形式	38
3	継続性	39
4	UD研究会メンバーの構成	48
5	さまざまな立場の人々の参画	49
6	本当に必要？　──大きなエレベーターでのかご内の鏡	58
7	スパイラルアップ	59
8	技術者魂	68
9	視覚障害者への情報保障	79
10	UDの視点での監理	85
11	本当に必要？　──触地図（触知案内板）	94
12	本当に必要！？　──視覚障害者誘導用ブロック	95
13	音のトータルデザイン	101
14	利用しやすさ	106
15	聴覚障害者への情報保障	107
16	本当に必要！　──視覚で知らせる検査結果	115
17	空間の情報提供	116
18	「見える」形になること	126
19	各種障害者のたゆまぬ議論	127
20	「会議は夜踊る」の成果	132
21	費用対効果	133
22	AJU自立の家と中部国際空港	134
23	ホスピタリティ	142
24	自立支援ビジネスへ	143

1章　中部国際空港とユニバーサルデザイン

1　中部国際空港とは　　10

2　ユニバーサルデザインの導入経過　　18

①設計者のユニバーサルデザインへの取組み
　—UD研究会前夜　　18

②UD研究会の設置と活動　　21

1　中部国際空港とは

■新空港実現までの道のり

　中部圏に新しい国際空港を、という構想は、1960年代後半の「大規模国際貨物空港構想」までさかのぼるが、1980年代半ばに新国際空港建設への機運が高まり、1985年4月には「中部空港調査会」が発足した。その後、空港の位置や規模についての調査研究が進められた。

　1996年12月の「第7次空港整備五箇年計画」で大都市圏の拠点空港としての中部圏における新しい空港の整備が位置づけられ、1998年度の予算編成において新空港の事業着手が認められた。

　1998年5月には中部国際空港株式会社（Central Japan International Airport Co., Ltd. : CJIAC）が設立され、同年7月に「中部国際空港の設置及び管理に関する法律」に基づく事業主体として国の指定会社となった。

　2000年8月には護岸工事に着手し、2002年1月には部分的に埋立が竣工したエリアで旅客ターミナルビルの建設が始まった。旅客ターミナル建築工事は2004年9月に完了し、空港システムの調整や開港準備に入った。

　CORP（Centrair Operational Readiness Plan）と呼んだ開港準備計画のなかで、2005年1月、ユニバーサルデザイン研究会（UD研究会、2で詳述）による実際の施設の最終チェックが行われ、開港を迎えることとなった。

■中部圏、名古屋の玄関口

　中部国際空港・セントレアは、愛知県名古屋市から南へ35kmの知多半島・常滑の伊勢湾海上に立地し、長崎空港、関西空港に次ぐ日本で3番目の海上空港である。自動車産業をはじめ日本の代表的な製造業が集積し、大きな経済圏である中部圏と、日本各地、世界各地とを結ぶ空の玄関口として、また多くの人やモノが交流する拠点として2005年2月17日に開港した。同じ年には日本国際博覧会（愛知万博、愛・地球博）が行われ、名古屋地区が一気に注目を浴びた。

　セントレア（Centrair）とは、中部（Central）と空港や航空をイメージする（Air）を基にした愛称であり、公募で選ばれたものである。それは、空港所在地の地名ともなったが、中部国際空港の正式英文名（Chubu Centrair International）にも取り入れられた。

■21世紀の空港に求められるもの

　セントレアは関西国際空港に次ぐ本格的海上空港であり、21世紀初頭に開港するにふさわしく、民間の経営主体として、地域と共生し、時代の要請に応えならなければならない。このため、旧名古屋空港の定期航空路線のセントレアへの一元化を前提に、国際・国内航空輸送の拠点とする／陸・海・空のアクセスを整備し、国際・国内の乗り継ぎも便利な利便性の高い空港とする／24時間運用可能な空港とする／環境に配慮した空港とする／地域と一体的かつ相乗的に発展する空港とする——という5つの方針が立てられ、空港計画に反映することとされた。

[空港概要]

所在地	愛知県常滑市セントレア
空港面積	約470 ha（離着陸地域約250ha、ターミナル地域約220ha。なお、隣接して地域開発用地約120haがあり空港島面積は約590ha）
滑走路	3,500m×60m×1本
エプロン	約80ha（58スポット）
事業費	7,680億円（当初）

[旅客ターミナルビル建物概要]

設計	日建・梓・HOK・アラップ中部国際空港旅客ターミナルビル設計監理共同企業体
施工	大成・鹿島・大林・東急・戸田・ベクテル・佐藤・矢作共同企業体十竹中・清水・鴻池・飛島・フジタ・ロッテ・名工・徳倉共同企業体
敷地面積	4,733,339.5m^2
建築面積	84,492.05m^2
延床面積	219,224.77m^2
規模構造	地上4階、鉄骨造
工期	2002年1月〜2004年9月

セントレアロゴ

旅客ターミナル（PTB）外観

空港全景

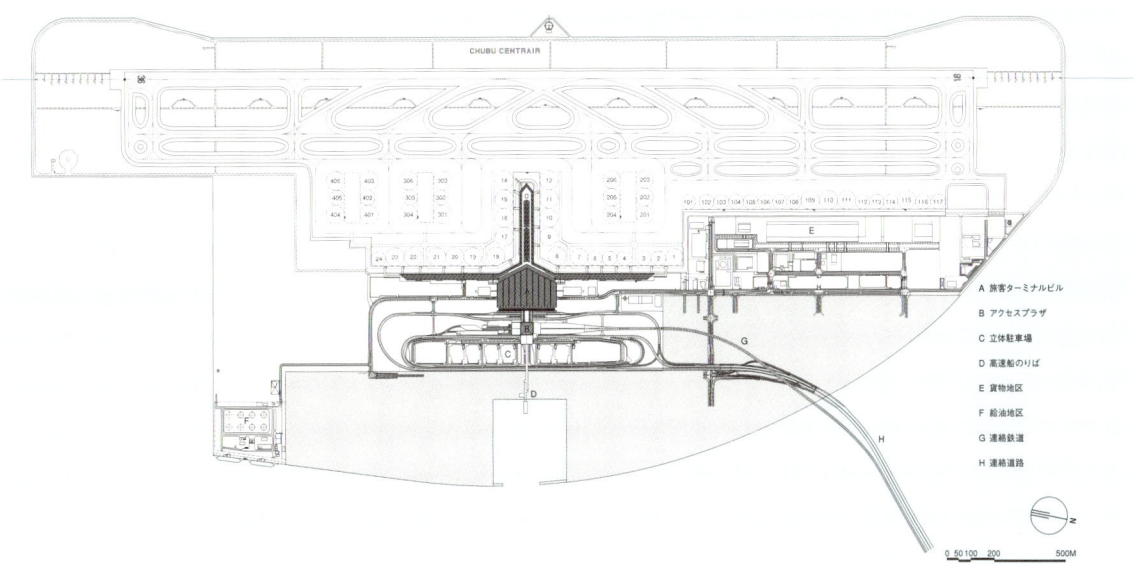

配置図

A 旅客ターミナルビル
B アクセスプラザ
C 立体駐車場
D 高速船のりば
E 貨物地区
F 給油地区
G 連絡鉄道
H 連絡道路

1 中部国際空港とは

1 中部国際空港とは

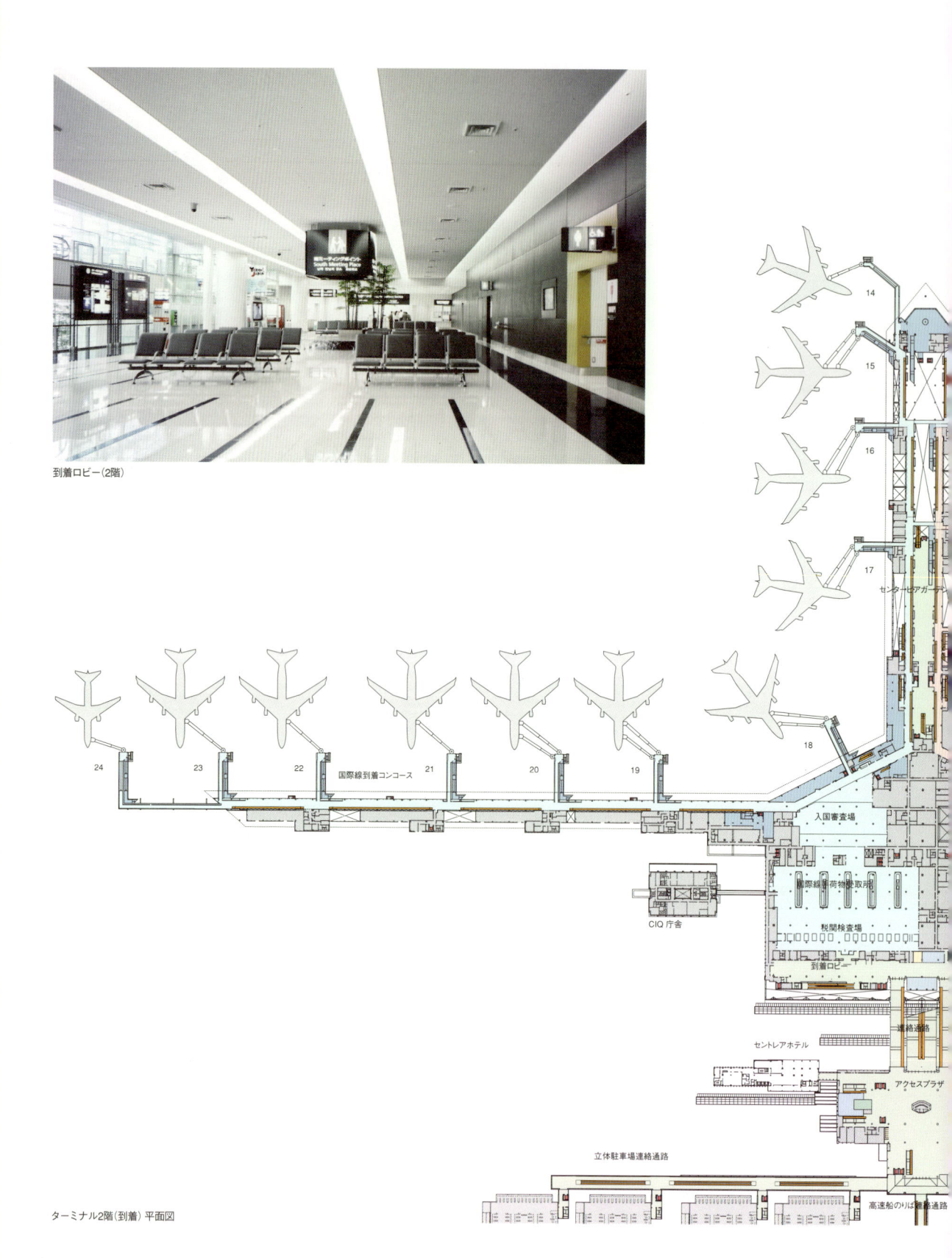

到着ロビー（2階）

ターミナル2階（到着）平面図

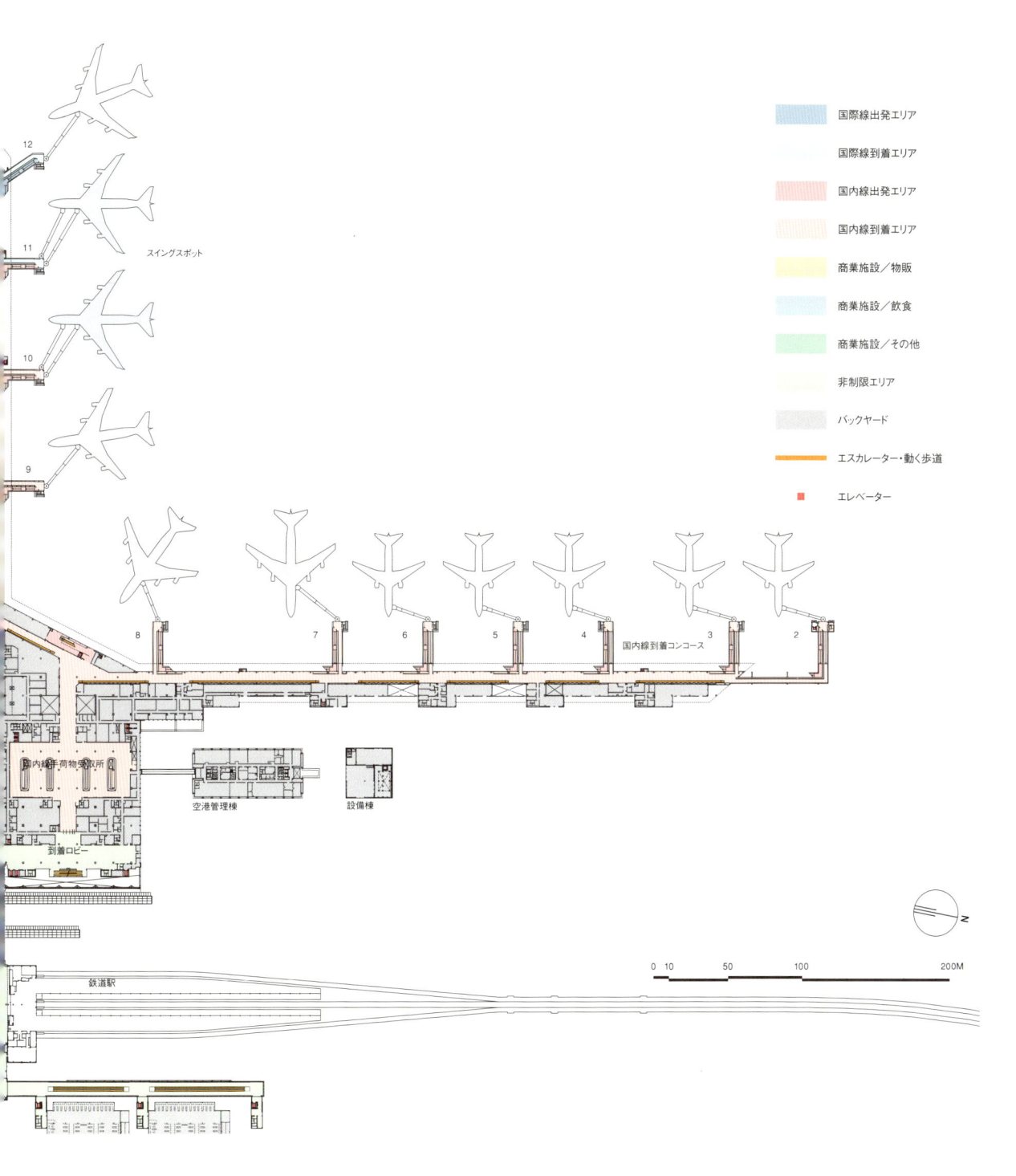

国際線出発エリア	
国際線到着エリア	
国内線出発エリア	
国内線到着エリア	
商業施設／物販	
商業施設／飲食	
商業施設／その他	
非制限エリア	
バックヤード	
エスカレーター・動く歩道	
エレベーター	

スイングスポット

国内線到着コンコース

国内線手荷物受取所

空港管理棟　設備棟

到着ロビー

鉄道駅

0　10　50　100　200M

1　中部国際空港とは

1　中部国際空港とは

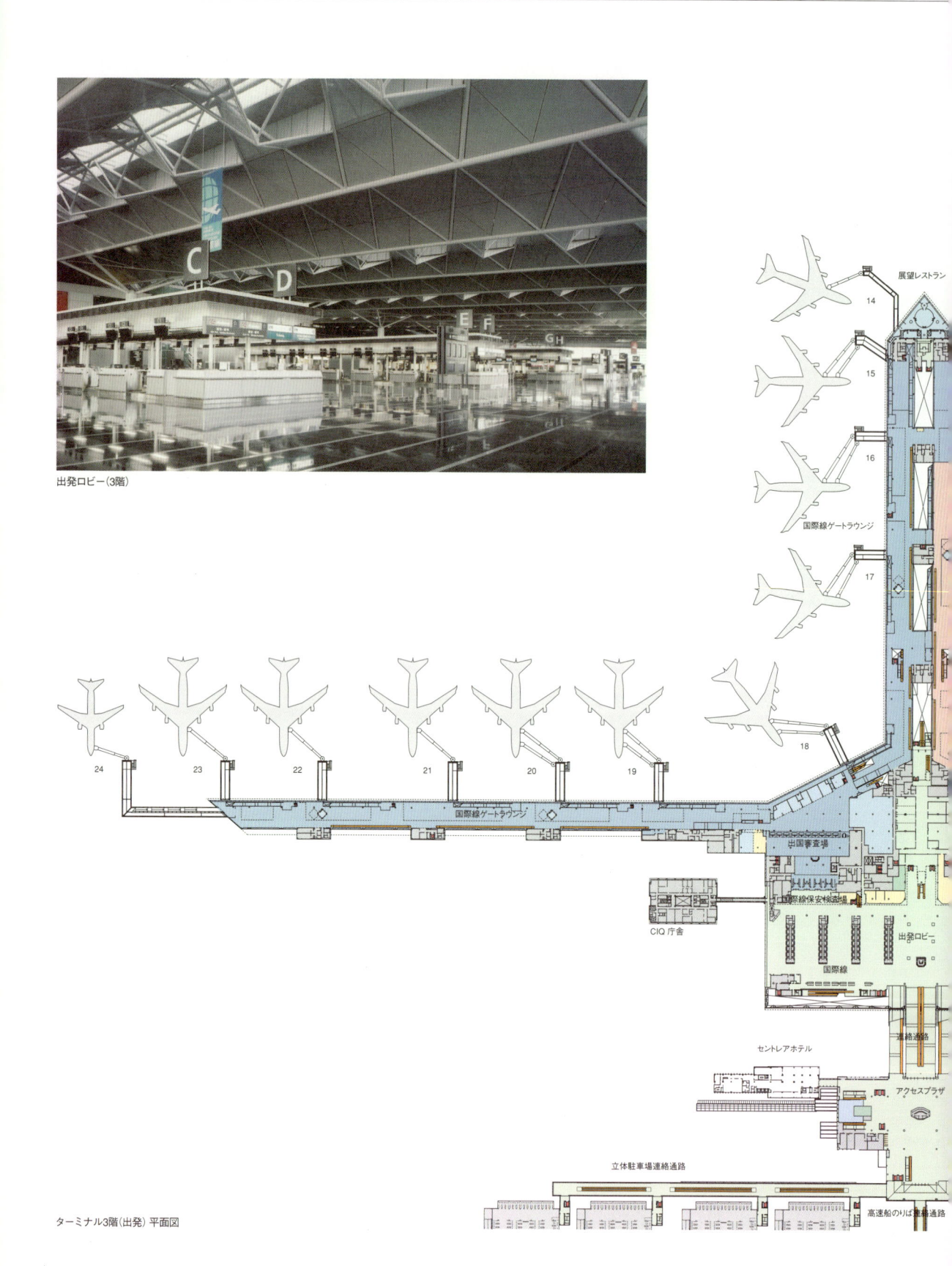

出発ロビー（3階）

ターミナル3階（出発）平面図

展望レストラン

国際線ゲートラウンジ

CIQ庁舎

出国審査場
国際線保安検査場
出発ロビー
国際線

セントレアホテル
連絡通路
アクセスプラザ

立体駐車場連絡通路
高速船のりば連絡通路

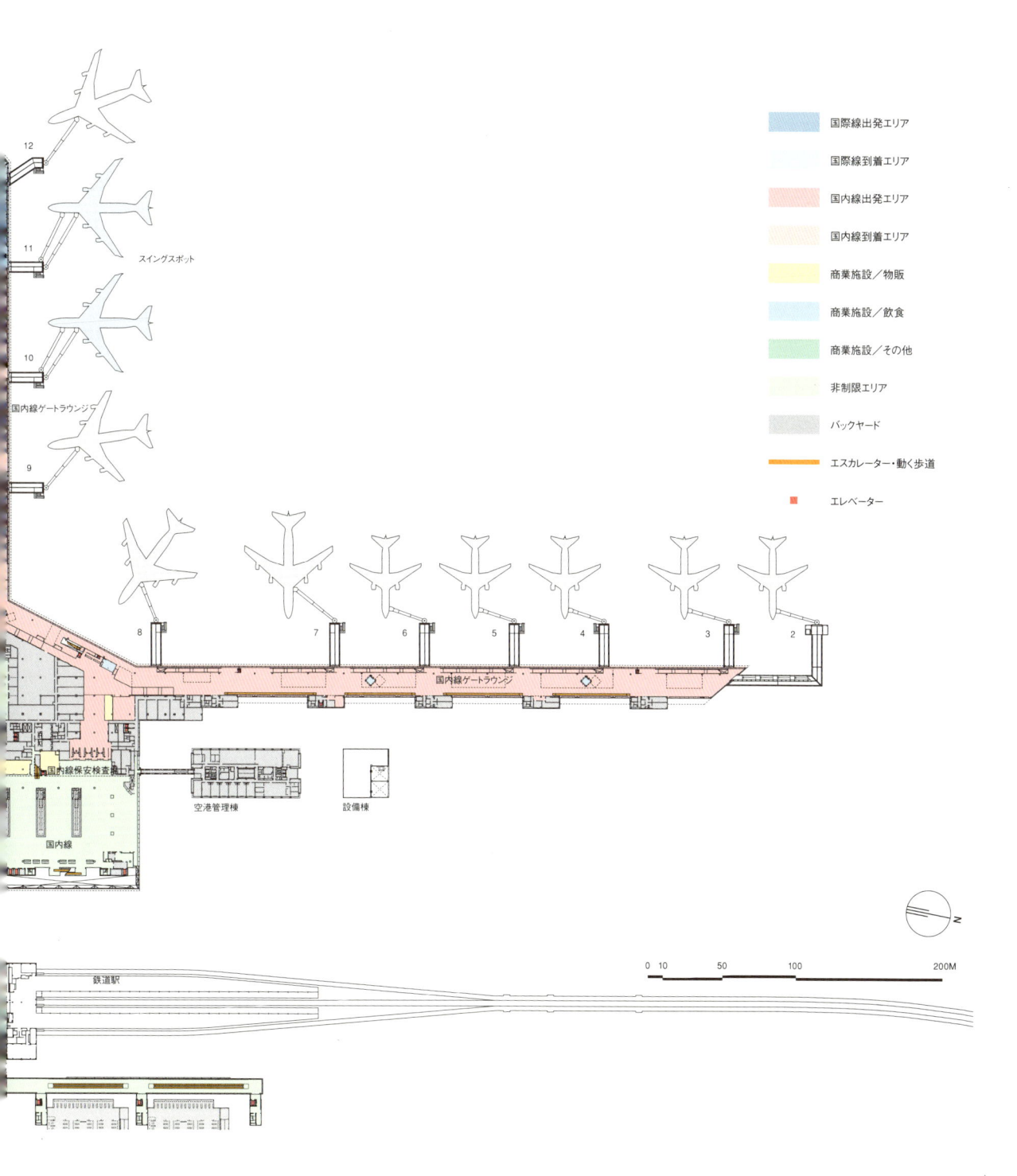

	国際線出発エリア
	国際線到着エリア
	国内線出発エリア
	国内線到着エリア
	商業施設／物販
	商業施設／飲食
	商業施設／その他
	非制限エリア
	バックヤード
	エスカレーター・動く歩道
	エレベーター

スイングスポット

国内線ゲートラウンジ

国内線保安検査

国内線

空港管理棟　設備棟

鉄道駅

0　10　50　100　200M

1　中部国際空港とは

1　中部国際空港とは

■誰もが使いやすいターミナル

　旅客ターミナルビルは誰もが使いやすいをメインコンセプトに計画された。ターミナルビルの平面形状は、新交通システムに頼らずに済むよう、チェックインロビーから搭乗ゲートまでの距離をできるだけ短く、均等にした結果、その平面形状は南・北ウイングとセンターピアを持つ逆T字型となった。

　ターミナルビル本館は、3階の出発階、2階の到着階それぞれ同一フロア上に、南側に国際線、北側に国内線が配置されている。出発、到着の各動線が1フロアであることから、乗り継ぎは1層だけの移動で済み、その利便性は高い。

　4階には飲食・物販に魅力的な商業施設を集め、航空旅客以外にも楽しんでもらえる空間となっている。これを称して"Destination Airport"と呼んだ人がいる。飛行機の目的空港ではなく、空港、セントレアそのものが目的地だということである。事実、2005年の愛知万博開催直後は、セントレアへの来港者数が万博入場者数を上回る週末があった。

■マルチアクセスというコンセプト

　旅客ターミナルビルの東側にはアクセスプラザという名古屋鉄道（名鉄）中部国際空港駅前の広場がある。これは、もともと建設途中まで「マルチアクセスターミナル（MAT）」と呼ばれていた地上アクセスの集中したポイントである。MATとターミナルビルの2、3階とを緩やかなスロープで結ぶことが、計画プロポーザル（提案書）で評価を得、ターミナルビルを設計することになった設計共同体の中心的コンセプトで、「ユニバーサルデザイン」というキーワードも、この時、初めて使われた。

　空港島への鉄道は海上部を橋梁で渡ってくるが、空港島中央部のターミナルビルが予定される位置では高架橋上駅とならざるを得ない（地上9m）という制約条件を現実的に解決した結果でもあった。

　その結果、大規模ターミナルにある、出発階、到着階が分離された寄り付き道路のための大規模な土木工作物（ダブルデッキ）が不要となり、旅客ターミナルビル前の出発（出発旅客が降車する）カーブサイドとアクセスプラザ下の到着（到着旅客が乗車する）カーブサイドに平面的に分離されるという構造となり、コストの削減とともにターミナル内の動線も縦移動があまりない単純なものとすることができた。

　アクセスプラザの1階はバス・タクシーの乗り場、レンタカー置場、2階は鉄道駅、駐車場連絡通路、海上アクセス連絡通路と同じレベルで結ばれている。

　駐車場は500台収容の立体駐車場6棟と平面駐車場であわせて4,000台。高速船は津、松阪と結ばれる（注1）。

注1　その後、立体駐車場が増設され、8棟、計5,000台に整備され、さらに増設工事が行われている。高速船は津、松阪、四日市の3ルートとなっている（2007年3月現在）。

アクセスプラザ

ウェルカムガーデン

■空港運用とユニバーサルデザイン

　ユニバーサルデザインは、デザインという行為であるからデザイナーの気持ちや姿勢の問題ともいえる。実際、研究会の最終報告での参加メーカーの報告では、その気持ちがひしひしと伝わってきた。

　また、空港会社は空港施設を建設し、でき上がった施設を利用者に使っていただくことで収入を得、空港を運営している。セントレアの旅客ターミナルビルが世に出るためには、さまざまな段階での長い議論と何らかの妥協を伴う合意形成が行われるという過程の繰り返しが必要であったといえる。

　一方、建設とは違い、運用ではそのような方法が取れないこともままある。1つ例をあげると、ベルト式の動く歩道の乗降口のコム〈くし部〉は、車いすでの乗り降りをモックアップで検証するなど、工夫も多かったところである。開港後、降り口でズボンやスカートのすそが巻き込まれ、緊急停止する事故が頻発した。このため、注意喚起などの改良が次々と行われ、最終的にはコムの形状が改良された。多国語表記ということもあって、注意喚起の表示は見苦しいといわれるほど貼り付けられた。いろいろな意見をまとめて解決策を探求することも必要であるが、即断即決が求められることもあるということである。

　セントレアの施設が、なぜ今のようなものになったのか、かえって使い勝手が悪くなった人はいないのかを、セントレアの施設を管理・運営していく者が知ることは重要なことである。その意味で、当事者や執筆者の気持ちが伝わるよう、監修者として手を加えることは差し控えた。本書がユニバーサルデザインという心を伝えてくれることを願うものである。

　セントレアは「ユニバーサルデザインの施設」だから使いやすいのではなく、その運営に携わる者たちが「ユニバーサルデザインの心を受け継いでいるから」使いやすいといわれるよう努力していきたい。

（CJIAC:中部国際空港株式会社／荒尾和史・谷口雅人（当時））

3階から4階へ

4階商業施設

2　ユニバーサルデザインの導入経過　①設計者のユニバーサルデザインへの取組み──UD研究会前夜

　中部国際空港旅客ターミナルビルの設計にあたっては、基本計画ならびに基本設計において提案書（プロポーザル）が募られた。まず1998年11月に基本計画の作成者として日建・梓・HOK・ボヴィスJVが選定され、その翌年に基本設計の設計者として日建・梓・HOK・アラップJV（以下、設計共同企業体）が選定された。設計共同企業体はその後の実施設計、監理を引き続き行うこととなった。
　ここでは、中部国際空港のユニバーサルデザインがどのように導入され、展開されていったかを、まず、21世紀の新しい空港を実現する道のりにおいて設計者がどのようにユニバーサルデザインを意識し、それを計画・設計という創造行為のなかでどう取り入れようとしていたのか──、基本計画調査段階からUD研究会が発足されるまでの間のコンセプトの変遷として設計者の眼から振り返る（①）。
　次に、これと並行するように新空港建設への利用者参画の期待が高まり、それがユニバーサルデザイン（UD）研究会という障害当事者を中心とした利用者の直接参加による現実の活動の場を得、どのように展開されていったのか──、参加当事者の想いが語られる（②）。

（CJIAC:中部国際空港株式会社／荒尾和史）

■基本計画調査の提案（1998年11月）
　基本計画調査提案（プロポーザル）時における設計共同企業体の基本方針は、「利用客最優先を第一主義とし、5つの「E」のコンセプトを具現化すること」であった。

5つの「E」のコンセプト
Efficiency：
　可能な限りの施設の共用化を追求したコンパクトなターミナルビル、単純で明快な施設構成と利用者動線
Economy：
　開港時、ピープルムーバー（自動運転車両等による新交通システム）を必要としないターミナルビル、1層式カーブサイドによる建設コストの低減
Environment：
　負荷抑制、自然エネルギー利用、高効率化、長寿命化などによる環境負荷軽減策を施した環境モデル空港
Easy maintenance：
　旅客ターミナルの機能と運用の見直しを追求し、ランニングコストの縮減および保守管理の省力化
Entertainment：
　光、水、緑の自然を取り入れた快適な空間構成と、豊富なコンセッションエリアによる楽しさの演出空間

　空港ターミナルコンセプトでは、ユニバーサルデザインにつながる「誰もがストレスなく行き来ができる動線計画・施設構成」を方針とし、以下の提案をした。

(1) 旅客ターミナルビルと周辺施設のシームレスな計画
a) 旅客ターミナルビルのカーブサイドは1層構成
　カーブサイドをダブルデッキとしない経済的かつ機能的な計画とし、アクセスプラザですべての交通機関の案内を1ヵ所で得られるよう利便性を高める。

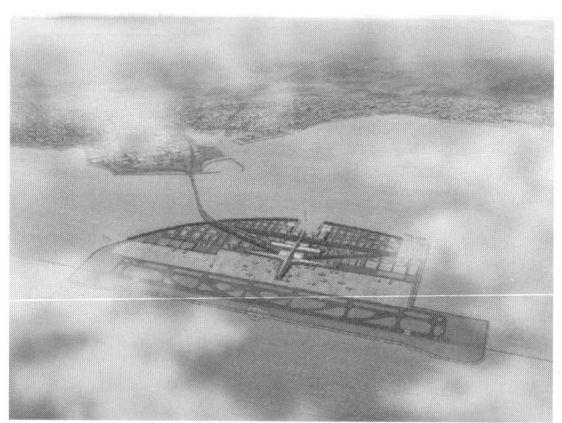

基本計画調査提案書表紙

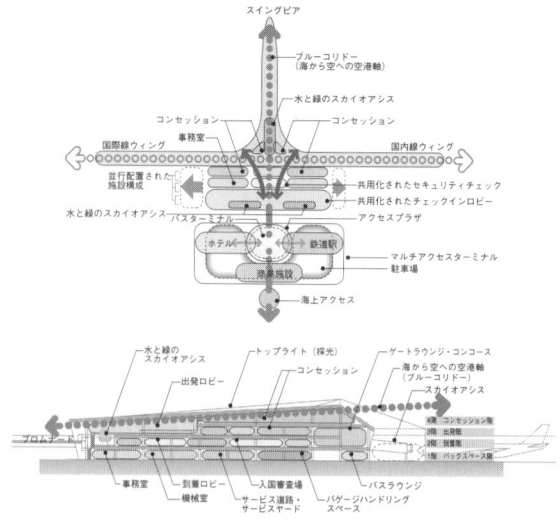

動線計画図

b) 鉄道駅舎はターミナルビルとシームレスに連絡
　駅舎を頭端式とすることでホーム～改札口～アクセスプラザを同じレベルとし、さらに3階出発階と2階到着階の間の2.5階レベルに設定、ターミナルビルとプロムナード（のちの連絡通路）

でつなぐことで、出発・到着どちらの旅客にとってもシームレスな動線を確保。
c）プロムナードが各施設をシームレスに連絡
　旅客ターミナルビル～アクセスプラザ～海上アクセスターミナルを、道路とは立体的に分離させたプロムナード（のちの連絡通路）でつなぎ、連続的かつ機能的に連絡。
d）駐車場等は空港利用者が集中する位置に
　駐車場、鉄道駅舎、ホテルなどをアクセスプラザと隣接配置し、同じレベルで接続することで、すべての動線をシームレスに連絡。

(2) 単純で明快な施設構成、階層移動の少ない旅客動線
e）各機能を階層で分けた単純で明快な施設構成・動線計画
　海上アクセスから旅客ターミナルビルを貫く空港軸（ブルーコリドー）を形成するプロムナードを中心に、各施設が有機的に結ばれた施設配置とし、3階出発階、2階到着階とする階層移動の少ない単純・明快な施設構成と動線計画。

■基本計画調査（1998年11月～1999年6月）
　基本計画調査では計画の基本方針の1つとして「使いやすいターミナルとする」という方針を掲げ、その方針をより具体的な施設計画の指針として展開するため、(1)旅客、(2)航空会社、(3)空港管理者の3つの視点から検討を進めた。
　とくに(1)旅客の視点では、空港ターミナルは航空交通と地上交通とを乗り換える場所であるから「ターミナル内での行動の連続性が妨げられないこと」が使いやすさに直結するとし、
①動線上に可能な限り段差を設けない
②段差のある場所では、段差を克服する手段を複数用意し、利用者に選択していただく
③初めて来られた方にも案内性が良く、目的場所が分かりやすいターミナルとする
という三段構えで計画した。
　このような施設計画の指針として基本方針が肉付けされる中で、ユニバーサルデザインが意識され始め、基本計画調査報告書の「基本方針の展開」という章ではじめて「ユニバーサルデザイン」という言葉が使われた。
　以下がその文章の一部である。

……本計画では、旅客動線に限らず施設本来の使い勝手を考えるアプローチをとり、それが結果的にバリアフリーにつながっていくという考え方で検討を進める。これは欧米で主流となってきたユニバーサルデザイン思想である。なお、旅客は大きな手

基本計画パース

荷物を持って移動することが多く、旅客の利便性向上のため、空港の到着地点と搭乗口までの間を可能な限りカート利用ができることを目指す。……

　これは旅客ターミナルビルだけでなく、アクセスプラザや各施設をつなぐ連絡通路にも反映され、ターミナルコネクションの基本方針の1つとして、「ユニバーサルデザインの思想に基づいた動線の工夫」を掲げ、「すべての利用者がスムーズに行き来でき、車椅子利用者やお年寄りなど交通弱者も一般の人と同じ動線を利用して通行できる動線を実現する」とした。
a）連絡施設
　基本計画ではターミナルビル本館とアクセスプラザをつなぐ連絡通路を、スロープとした場合とフラットにした場合の比較を行った。手荷物カートと車いすを用いたスロープおよび傾斜式動く歩道（MSW）の体感実験を設計者自らが行い、その実験結果から1/15勾配のスロープを主動線とすることの妥当性を確認、スロープ部でのカート回収や傾斜式動く歩道での車いす使用者の安全性確保などをその後の検証課題とした。
b）施設構成
　基本計画プロポーザルでの提案をさらに推し進め、「ユーザーフレンドリーを目指すシンプルなターミナル構成」を具現化するため以下の9つの項目を計画に反映した。
①海上アクセス～アクセスプラザ～旅客ターミナルビルを結ぶ軸を中心に、目的場所が分かりやすく方向性が明確な施設レイアウト。
②3階を出発階、2階を到着階とし、スロープ、傾斜式MSWなどを計画することにより、階層移動を最小限にした旅客動線
（誰もが同じ動線を通行できる）
③国際線・国内線を隣接配置し、乗り継ぎにも便利なコンパクトで明確な施設構成
（移動距離が短いことは誰にとってもやさしい施設構成）
④国際線・国内線の境界に位置するセンターピアにて、スイングゲートを設け、国際線・国内線の必要スポット変動にフレキシ

2 ユニバーサルデザインの導入経過　①設計者のユニバーサルデザインへの取組み —— UD研究会前夜

ブルに対応できる施設
　（スイングゲートは施設のコンパクト化にも寄与）
⑤3、4階に集中配置し、集客力を高めた利便性の高いコンセッション（店舗施設）配置
⑥利用者の心を和ます緑豊かなアメニティ空間を効果的に配置
　（センターピアガーデン・ウエルカムガーデンなど）
⑦将来の拡張を容易にする施設構成、構造
⑧必要最小限の階数に抑え、地下階をなくした経済的な断面構成
⑨<u>出発ゲートラウンジを3階に設け、ゲートからスロープにより航空機へアプローチする昇降機設備に頼らないスムーズな動線</u>
　　　　　（下線が基本計画調査段階での新しい提案）

■基本設計の技術提案（1999年8月）
　基本設計の技術提案（プロポーザル）においても基本計画で提案してきたユニバーサルデザインの具現化に向けた「世界の人々を暖かく迎えるデザイン」として、

①すべての人に使いやすいデザイン
　世界中から訪れる様々な文化をもつ人々、高齢者、身障者の方々、大きな手荷物を持って移動する人々など、多様な旅客ひとりひとりに配慮した計画とすることが重要と考えます。
②はじめての人にも使いやすいデザイン
　空間や施設に「特徴づけ」をし、意識せず自然に目的の場所へ移動し、目的を達成できるデザインとします。エントランスからコンセッションエリアまでをワンルーフの一体空間とし、トップライトと照明や、構造・インテリアデザインなどが明確な方向性

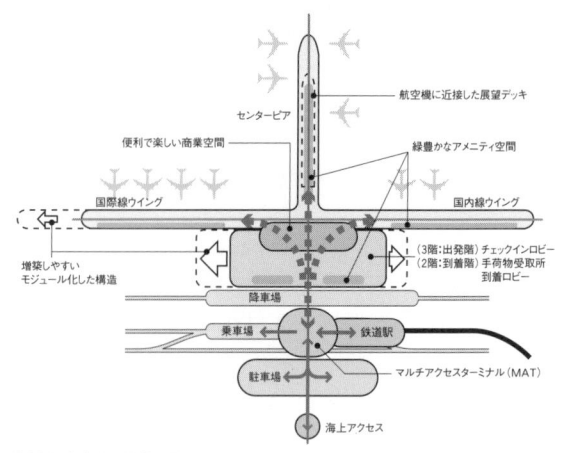

基本計画報告書　施設配置図

を旅客に示すことのできる空間づくりもそのひとつです。
③ユニバーサルデザイン
　各交通機関と航空機をつなぐすべての空間・施設において、ユニバーサルデザインを検討します。他の事例に学ぶとともに、新たなシステムを採用する際には、実験などにより検証します。また、必要に応じて実物大の見本を作製し、ディテールを再検討するなど実証的な姿勢をもって、ユニバーサルデザインの実現を目指します。
（以上基本設計技術提案書から抜粋）
を提案し、基本設計検討の1つの柱と位置づけた。
　これらの提案が受け入れられ設計共同企業体が基本設計を進めることとなった。技術提案書にもある実証的な姿勢の延長線として、基本設計段階においてユニバーサルデザイン研究会（UD研究会）が設置されることとなったのである。

（日建設計／赤司博之、冨田彰次）

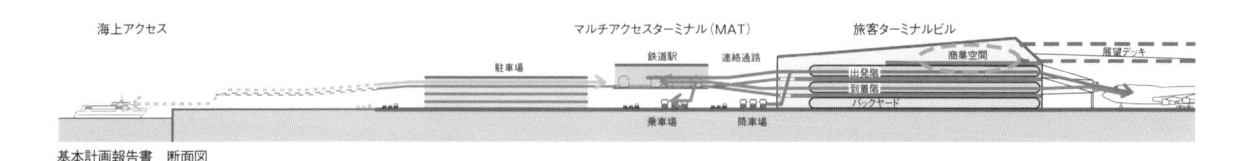

基本計画報告書　断面図

2 ユニバーサルデザインの導入経過　②UD研究会の設置と活動

■研究会組織の設置と業務委託

前述のように、旅客ターミナルビルの基本設計に先立ち、旅客ターミナル地区基本計画がとりまとめられた（基本計画調査、1998年12月〜1999年6月）。この基本計画調査の考え方を受け、ターミナルビル基本設計では次のようなコンセプトに基づき設計を進めることとされた。
①はじめての人にもわかりやすい
②ユニバーサルデザインによる誰もが使いやすい
③コンパクトで効率的な構成
④環境との調和
⑤需要増加に柔軟に対応できる拡張性の高さ
⑥集客力と経済性

基本計画プロポーザルでは、旅客ターミナルビルとアクセス交通をわかりやすく結ぶ「マルチアクセスターミナル（MAT、現：アクセスプラザ）」が提案された。また、旅客ターミナルビルは出発／到着の単純な2層により、階層間の移動を最小限にした構造をもっている。このMATと旅客ターミナルビルをスロープで結ぶという、ユニバーサルデザインに基づくコンセプトは基本設計においてさらに徹底され、MATから航空機までの動線をスロープで結び、直線的でスムーズな歩行空間の実現に向かって検討が進められた。

このような検討が進められるなかで、障害者団体からの要望、提案を受けて、「社会福祉法人AJU自立の家（以下、AJU）」に中部国際空港株式会社（以下、CJIAC）から業務委託がなされた。AJUは、基本設計の段階から、さまざまな空港利用者の意見を取り入れるために障害者・一般利用者・学識経験者をメンバーとした「ユニバーサルデザイン研究会（以下、UD研究会）」を設置・運営することとなり、障害当事者・利用者の直接参画という形で、ユニバーサルデザインを実現するための具体的意見交換の場がつくられた。

■研究会づくりへの道

バリアフリーコンサルティングを手がけてきた「社会福祉法人AJU自立の家」内の重度身体障害者通所授産施設「わだちコンピュータハウス（以下、わだち）」は、中部国際空港の建設構想にUDが含まれる旨を知り、1999年7月、愛知重度障害者団体連絡協議会名で中部国際空港株式会社（以下、CJIAC）に障害当事者参加による空港建設、バリアフリー配慮の申し入れ文書を提出した（図1）。CJIACは、意見を拝聴し、今後十分な計画とする旨の文書による回答を行った。

CJIACへの要望書（1999.7.15、左）とCJIACへの提言（2000.2.24、右）

AJUからの再度のアプローチにより、2000年2月、CJIACとAJUが面談を行い、そこでAJUはUDについての研究会組織づくりを申し入れた（図2）。設計段階で障害当事者を参画させるメリットとして、当事者の知恵を集めることは、高齢者対応やUDをめざすことにつながること、開港後の障害当事者団体からのクレーム対応はAJUが引き受けること、予算や工程など、現実的な枠組みを越えない協議の進め方とすることを提案した。その際、愛知工業大学建築工学科助教授・曽田忠宏氏も同席、設計関係者が障害当事者と接することで、障害を理解することが大切である旨の助言があった。AJUではこの面談と前後して国内外の航空機利用経験の多い障害当事者へのヒアリングや、マイケル・ウィンター氏（米障害者自立生活運動の旗手の1人。当時Federal Transit Administration在籍）への照会を開始し、研究活動を始動した。

■業務契約——動線と情報提供の2本柱へ

2000年3月、研究会の組み立て方について、愛知県人にやさしい街づくり条例策定（本条例に基づく県内市町村での計画策定にわだちが関与）に携わった愛知県職員・星野広美氏からアドバイスを受けるなかで、動線と情報提供の検討視点を2本柱とする旨の発案がAJUにあった。現在でこそ当たり前だが、「情報提供」を大きく前面にもってくることは、当時前例のないアイデアで、障害種別ごとの対応を検討することに留まらず、障害当事者の視点を活かしながら、より多くの人に使いやすいものづくりとして整理する枠組みになった。

このような準備を経て、CJIACとAJUが業務契約を結ぶ。

2 ユニバーサルデザインの導入経過 ②UD研究会の設置と活動

■設置体制

研究会の設置については2000年6月1日付けの空港会社の広報資料(注1)で公開された。

研究会は「身体障害者の方をはじめさまざまな空港利用者との意見交換を通じて、ご意見やアイデアを基本設計段階から設計に反映させ、『誰もが使いやすいターミナル』を作ること」が目的と明記され、以下の事項の検討を通して旅客ターミナルビル基本設計案へ提案をすることとなった。

①旅客ターミナルコンセプトで改良・配慮してほしい点
②利用者の立場から見て、旅客ターミナル内に必要な施設および場所
③案内サインや情報提供等での留意事項

研究会の実施体制は、研究会と部会の2段階の検討会を設置、研究会では「部会総括、基本設計案への提案等のとりまとめ」を行い、部会では「テーマを踏まえて意見交換」を行うこととなった。

メンバーは、研究会の座長に岐阜大学教授・竹内伝史氏、副座長に曽田忠宏氏(前出)、部会の部会長としてAJU常務理事・山田昭義氏がそれぞれ就任した(注2)。

以上のほか、高齢者・障害当事者の居住環境に詳しい椙山女学園大学教授・高阪謙次氏、情報提供・案内支援システムに詳しい豊橋技術科学大学助教授・加藤彰一氏と、本書の執筆者である谷口元と磯部友彦が加わり、バリアフリー推進団体の代表、建設地である常滑市の市民代表、CJIAC職員がメンバーとして、また運輸省、愛知県、各航空会社、設計者の職員がオブザーバーとして参加し、研究会が構成された。

一方、部会は、愛知、岐阜、三重各県の障害者団体の代表、市民代表をコアメンバーとして、その他にも関係する情報の収集や意見調整に必要な人材の参加を得た。研究会メンバーもオブザーバーとして参加した。

■基本設計とUD研究会

基本設計のためのUD研究会は約2ヵ月間で終了し、結果は、2000年8月2日付けの会社広報に公表された。その概要を表1に示す。

CJIAC側は、基本設計のとりまとめ作業においてUD研究会での意見・要望・留意事項等を設計に反映していき、実施設計段階においても再びUD研究会での意見交換の機会を約束した。実施設計が約1年後であるということなので、それまでの間は有志の集まりである「空港をよくする会」を立ち上げ、種々の検討を継続した。

この「よくする会」はAJUが事務局となり、UD研究会の関係者

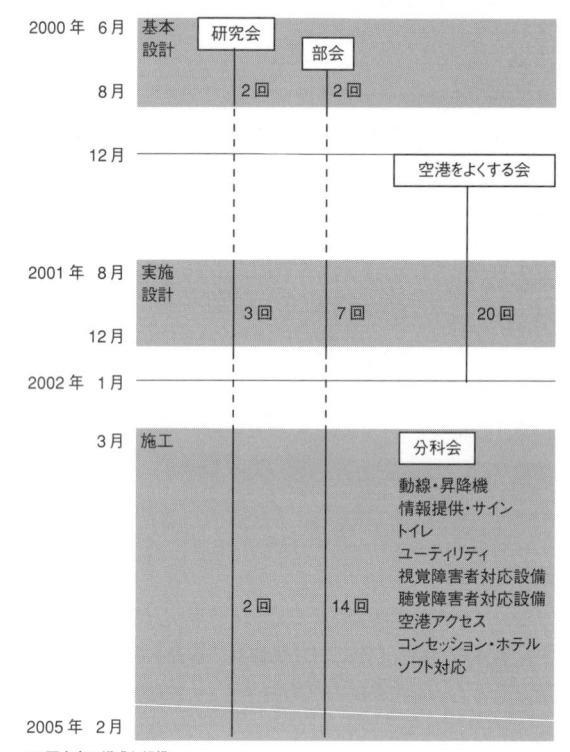

UD研究会の構成と組織

分科会:
動線・昇降機
情報提供・サイン
トイレ
ユーティリティ
視覚障害者対応設備
聴覚障害者対応設備
空港アクセス
コンセッション・ホテル
ソフト対応

表1　UD研究会および部会の概要(基本設計段階、2000年)

日時	会議名	出席人数	テーマ等
6月5日	第1回研究会	20	基本設計全般について
6月5日	第1回部会	31	移動全般に関する基本設計内容の説明と検討
6月26日	第2回部会	33	ユーティリティ・商業空間等に関する基本設計内容の説明と検討
7月10日	第3回部会	32	情報提供・サインに関する基本設計内容の説明と検討
7月24日	第4回部会	35	ソフト対応・その他に関する基本設計内容の説明と検討部会における協議事項のとりまとめ
8月1日	第2回研究会	16	基本設計に関する協議事項のとりまとめ

※出席人数はオブザーバー参加者を含む

以外にも、障害当事者、設計関係者、設備関係者、メーカー等多彩な人々が関与することとなった。基本設計では詳細な検討が十分に進められなかった事項や、今後検討課題とすべき事項についての精力的な勉強会が重ねられた。トイレ、昇降機、サインシステム等の各メーカー担当者もいわゆる手弁当で参加し、自社の製品紹介と共に障害当事者との意見交換を行った。

■実施設計とUD研究会

2001年8月にUD研究会が再開、実施設計に係わる検討が進められた。12月までの期間に3回の研究会と7回の部会が開催された。部会の内容は表2のとおりである。

設計段階でのさまざまな検討が終了という機会に、これまでの検討結果のとりまとめと同時にUD研究会が果たした成果とメリット、および反省点、対外的アピールの可能性についてまとめた。これにより、CJIACとUD研究会関係者との相互理解がより一層高まり、施工業者や設備業者などが多数参画する施工段階に移行しても、UD研究会での検討の方向性を継続する意志を確認した。

■施工開始後のUD研究会

2002年1月、旅客ターミナルビル建設が着工した。UD研究会も施工段階の検討(前期:～2003年3月、後期:～2005年2月の開港時)へと展開していった。検討テーマが多岐そして長期にわたるので、部会メンバーの関心や、現実的な参画の継続を確保するために「分科会」を設けた。各分科会にはUD研究会メンバーの学識経験者がそれぞれ担当者として分担し、CJIACから受注契約をした施工会社、設備会社を交えた詳細な検討が始まった。分科会テーマと担当者は表3のとおりである。

また、実物やモックアップ等を用いた検証作業や施工確認作業も精力的に進められた。室内での会議以外にも、検討中の設備に類似したものが設置された別建物での事例検証、工場でのデモ機、モックアップでの検証、空港現地での検証や施工確認等の検討を行った。

分科会では、メーカー技術者が、既存製品を適用させることに留まらず、既製品に対する指摘を受け、改善・改良に取り組む等、直接の意見交換が生んだ技術向上と努力が形になった成果も得られた(注3)。

■UD研究会の解散

2004年2月、UD研究会は最終研究会を開催して解散。以降はCJIACが顧客満足度(CS)向上の観点で取り組むことになった。経過はすべて報告書5冊にまとめられている。

表2　実施設計時UD研究会の部会テーマ

| トイレの配置と設計 |
| 移動経路(動線) |
| 情報提供・サイン計画 |
| 商業空間(コンセッション)・さまざまなサービスの提供(ユーティリティ) |
| 空港への移動交通機関(アクセス) |
| 空港内ホテル |

表3　着工開始後UD研究会の分科会テーマ

| 動線・昇降機(磯部) |
| 情報提供・サイン(加藤) |
| トイレ(谷口) |
| ユーティリティ(曽田) |
| 視覚障害者対応設備(障害当事者中心) |
| 聴覚障害者対応設備(障害当事者中心) |
| 空港アクセス(磯部) |
| コンセッション・ホテル(高阪、谷口) |
| ソフト対応(障害当事者中心) |

※グレー部分は施工段階の後半で増えたテーマ

(谷口 元・磯部友彦・森崎康宣・原 利明)
※所属・肩書きはいずれも研究会発足当時のもの

2 ユニバーサルデザインの導入経過　②UD研究会の設置と活動

注1　http://www.cjiac.co.jp/kouhou/contents/2000/udken.html

注2　岐阜大学地域科学部教授・竹内伝史氏は土木工学を専攻、旧運輸省・新東京国際空港公団を経た交通政策の専門家である。中部国際空港に関しては構想段階から深く関与しており、新空港の魅力を高めるためのさまざまな提案を通して空港会社からの信頼篤い研究者である。一方で愛知県や名古屋市の福祉のまちづくりに関しても指導的立場にあり、福祉都市環境整備に大きな貢献を果たしてきた。このように空港会社側と障害者側の双方から信頼される人物が座長の任を快く引き受けていただいたことが後々の研究会の進展につながったといえる。

愛知工業大学建築工学科助教授(当時)・曽田忠宏氏は建築学出身の都市計画・建築計画、建築デザインなどの専門家である。行政機関の各種委員会委員を務める一方で、さまざまな市民活動(たとえばNPO法人ひとまちネットワーク・東海)のリーダーとして活躍している。建築士、行政関係者、障害当事者、研究者などとの幅広い交流人脈を通して、福祉のまちづくりの実現に貢献している。

AJU常務理事・山田昭義氏は頸椎損傷による四肢麻痺であり、中央大学法学部を卒業後、1973年に「愛知県重度障害者の生活をよくする会(よくする会)」を設立。名古屋の障害者運動の草分けという存在。1990年には寛仁親王殿下より「障害者の下宿屋」という言葉を頂いた「AJU自立の家」を完成させる。また、DPI(Disabled Peoples' International)日本会議の議長として国際的な活動に携わりながら、地元から強い信頼を受けている。障害当事者がプロジェクトに参画する意義を訴えてきた。

そのほかの参加者については表4に示す。

注3　たとえばトイレにおいては、2005年の愛知万博での仮設トイレにその技術の一部が応用され、高い評価を得た。昇降機でのさまざまな検討結果は各社の標準仕様に組み入れられている。

表4　UD研究会・部会名簿(基本設計段階、2000年)

氏名	所属(当時)	役職	研究会	部会
竹内 伝史	岐阜大学地域科学部	教授	座長	Obs.
曽田 忠宏	愛知工業大学建築工学科	助教授	副座長	Obs.
山田 昭義	AJU自立の家	常務理事	○	部会長
谷口 元	名古屋大学大学院工学研究科	教授	○	Obs.
高阪 謙次	椙山女学園大学生活科学部	教授	○	Obs.
加藤 彰一	豊橋技術科学大学建設工学系	助教授	○	Obs.
磯部 友彦	中部大学工学部土木工学科	助教授	○	Obs.
伊藤 政幸	愛知県身体障害者福祉団体連合会	会長		○
岡崎 章	愛知県重度障害者団体連絡協議会	会長		○
園田 大昭	愛知県聴覚障害者協会	事務局長		○
大野 清尊	愛知県盲人福祉連合会	会長		○
山崎 恵美子	愛知県知的障害者育成会	副会長		○
松井 逸朗	岐阜県身体障害者福祉協会	会長		○
山本 倖生	三重県身体障害者福祉団体連合会	副会長		○
吉田 朱美	ロウソク工房ヴァリエーション	代表		○
青野 全宏	車いす友の会	会長		○
中西 正司	ヒューマンケア協会	代表		○
尾上 浩二	自立生活センター・ナビ	代表		○
浅井 貴代子	AJU自立の家サマリアハウスデイセンター	施設長		○
黒田 紀夫	愛知県難聴・中途失聴者福祉連合会	副会長		○
津田 美知子	生活環境デザイン室	代表		○
日田 信博	交通バリアフリー協議会	事務局長	○	○
斎田 正彦	常滑市第10次空港フォーラム	委員長	○	○
渡辺 有美	常滑市第10次空港フォーラム	委員	○	○
浜島 満寿美	あいち国際交流はなのき会	会長	○	○
三ツ矢 憲生	中部国際空港株式会社	企画部長	○	○
荒尾 和史	中部国際空港株式会社	企画部施設計画室長	○	○
小山 裕康	中部国際空港株式会社	企画部参事役	○	○
桑原 厚佳	中部国際空港株式会社	企画部ターミナル施設GL	○	○
運輸省大阪航空局				Obs.
運輸省中部運輸局				Obs.
愛知県建設部				Obs.
日本航空株式会社				Obs.
全日本空輸株式会社				Obs.
株式会社日本エアシステム				Obs.
日建・梓・HOK・アラップ旅客ターミナルビル基本設計共同企業体				Obs.

※Obs.:オブザーバー参加

表5　会議の種類

開催時期	会議種別	会議	類似品(空間)・ショールーム	検証 実機	モックアップ	総計
基本設計	研究会(基本)	2	0	0	0	2
基本設計	部会(基本)	4	0	0	0	4
実施設計	研究会(実施)	3	0	0	0	3
実施設計	部会(実施)	7	3	0	0	10
施工	研究会(施工)	4	0	0	0	4
施工	部会(施工)	13	0	0	0	13
施工	トイレ分科会	12	4	0	3	19
施工	情報提供・サイン分科会	10	2	3	1	16
施工	動線・昇降機分科会	8	4	4	1	17
施工	ユーティリティ分科会	6	1	0	0	7
施工	視覚障害者分科会	14	0	1	0	15
施工	空港アクセス分科会	8	0	0	1	9
施工	コンセッション・ホテル分科会	4	0	0	0	4
施工	ソフト対応分科会	9	0	0	0	9
施工	聴覚障害者分科会	8	0	0	0	8
施工	分科会全体会	2	0	0	0	2
	総計	114	14	8	6	142

表6　意見の分類

分類	基本設計	実施設計	施工	総計
トイレ	62	160	180	402
情報提供・サイン	60	158	586	804
動線・昇降機	96	69	214	379
ユーティリティ	19	64	115	198
空港アクセス機関	53	46	279	378
コンセッション	11	32	39	82
ホテル		8	203	211
ソフト対応	36	14	78	128
その他	27	52	92	171
総計	364	603	1786	2753

UD研究会で検討された項目に関しては議事録がすべて残されており、延べ2,700を上回る項目が討議された。一番多かったのが情報提供・サインで約800回、次にトイレで400回、動線・昇降機と続いた。

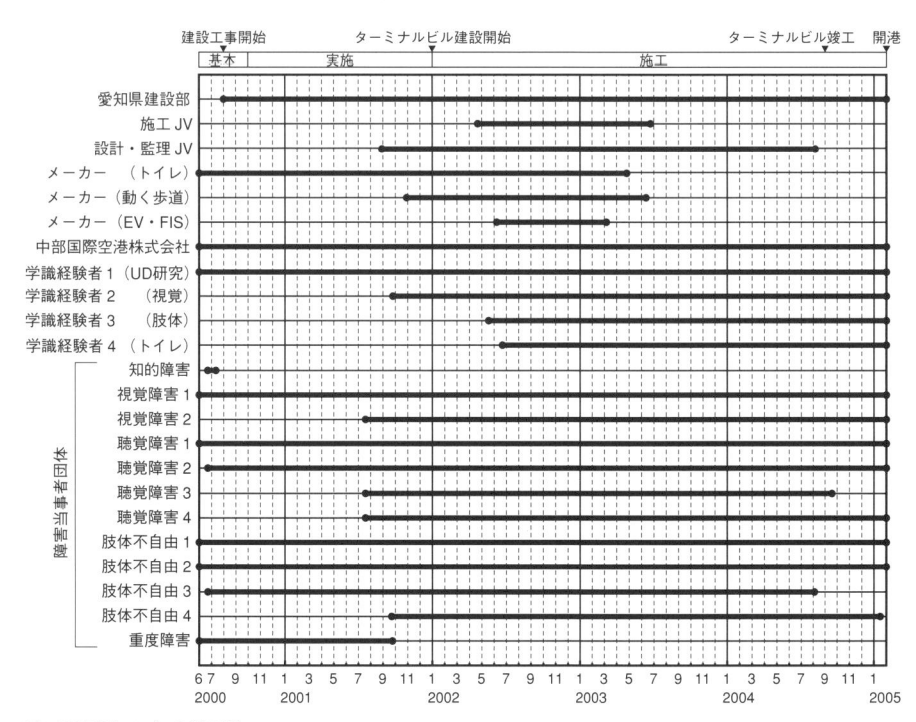

図2　UD研究会メンバーの参加時期
設計・施工段階別の研究会・検証実験の立場別参加状況を示す。障害当事者の参加は基本設計の途中から行われ、実施設計の後半から特に障害当事者団体が倍増している。メーカーの参画に関しては、トイレに関するメーカーの参加が早かった。(表5、図2作成：谷口研究室 山口直希)

2章　ユニバーサルデザイン・ディテール

1　アクセス

動線計画の考え方	28
空港へのアクセス[電車]	34
空港へのアクセス[車・駐車場]	40
出発動線	44
到着動線	50
エレベーター	54
動く歩道	60
エスカレーター	64

動線計画の考え方

| コンセプト | すべての旅客に同一経路の確保 |

　空港内の動きは、空港からの出発、空港への到着に加えて、送迎や見学等のさまざまな動きがある。さらに、利用する交通機関の違いにより、空港の出入口は異なる。また、ターミナルビル内の商業施設等を利用する動きも想定された。
　このように多様な人の動き(動線)を、利用者の利便性が高くなるように、また無駄なく効率的であるように施設内の利用方法や通路の配置などの動線計画を考えた。
　中部国際空港の場合は、「障害の有無にかかわらずすべての旅客に同一の移動経路を確保すること」をコンセプトに設計されており、具体的には、鉄道駅でも大きな問題となっている「交通機関を乗り継ぐ際に発生するバリア」に対してだけでなく、「外国への出入国の際に発生するバリア」に対しても対策を検討し、すべての人にバリアのないような移動経路が確保された。
　具体的には公共交通機関(鉄道、路線バス、タクシー、定期船)ののりば案内や運行状況の情報提供、道路交通状況、送迎者との待合せ場所の案内等も充実された。
　また、ハード面の整備だけでなくソフト面の対応も実施された。空港利用者は自立した行動を実現できる人を想定しているが、介助が必要な場合には人によるサポートを提供できる体制を確立し、たとえばチェックインカウンターまでは空港会社およびアクセス交通機関の責任で対応し、そこから航空機までの搭乗は航空会社の責任により対応する等、関係機関の連携が図られた。

写真1　出発ロビーとチェックインカウンター

デザイン

■できる限り水平な移動経路

3階出発階（地上12m）、2階到着階（同6m）、そして鉄道駅レベル（同9m）にアクセスプラザを設ける設計であり、できる限り水平に連続した移動経路が基本とされていた。「できる限り水平」とは、少しの高低差が生じる場合はその通路を全幅のスロープとし、階層間のような大きな高低差の場合は昇降機（エレベーターやエスカレーター）を設置、それ以外は水平な経路を基本とし、細かな段差は発生させない設計となっていた。

■歩行距離を短く。長い場合は歩行補助装置

中部国際空港では、搭乗手続き（チェックイン）をしてから、旅客機に搭乗するまでの歩行距離を短くすることを前提としている。およそ300mを超える場合には動く歩道を設置。できる限り旅客が単独で移動できる環境を用意し、それらを旅客が選択して利用する計画となっている。

動く歩道は、大きな荷物を持つ人も、車いす使用者も、視覚障害者も利用できるものとし、単に既製品を設置するのではなく、メーカーの協力を得てその部品や使用方法などの詳細な検討をして、さまざまな利用者を想定した改良を行った。とくに車いすの横を歩行して通行する際に、安全が保てる幅員として1,400～1,600mmが確保された（→60ページ、動く歩道参照）。

■諸手続きの時も同一経路で

国際線を利用する場合には、出入国審査、通関、検疫という手続きが必要である。従来の空港施設では、障害者に対して特別な取扱いがなされることも多く、苦労やトラブルが発生していたという障害者の声があった。それをもとにユニバーサルデザイン（以下、単にUDと記す）としての以下の方針を確認した。車いすや松葉杖使用者、視聴覚障害者などは国際線旅客機乗務員（クルー）と同じ経路で審査ができる設定とすること。その際、障害者などの通路は専用レーンとなるが、その設置場所は他の旅客の通路と同一空間内とすること。これらの審査業務は国の機関が担当するものなので、国の機関に対して積極的な協力要請をすること、というものである。

■サインに頼らない動線を計画

計画では、サインに頼らなくても行動しやすい明快な動線を基本とした。これは、コンパクトな空間に複雑でない動線を設定することにより、案内サイン設置の必要性は減るという考え方に基づくものである。サインを設置する場合には、動線上のどこに（設置位置、高さ）、どのような内容（情報の階層性、情報の提供方法）のサインを設置するかが検討された（→70ページ、サイン参照）。

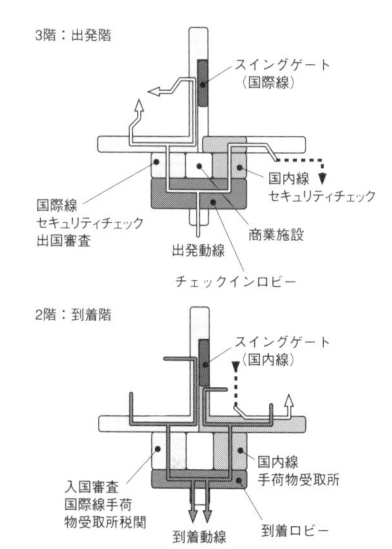

図 旅客ターミナルビルの機能配置・動線のイメージ（基本計画案）。国際線と国内線の乗継ぎが便利な一体構成とし、コンパクトな構成の効率的な旅客ターミナルとなっている。その結果、移動距離も短縮化できるので、バリア発生の可能性も低くなる

写真2 アクセスプラザ

動線計画の考え方

プロセス

■基本設計時からの検討

　動線計画は、重要な課題のため、早期の段階から検討がなされた。基本設計の検討時（2000年6月）のUD研究会で、空港会社側から旅客ターミナルビルのコンセプトの説明を受け、部会でのテーマの1つに取り上げ、議論された。ビルや通路の構造そのものに対する検討も必要であるという意見があったが、旅客利便上の総合的観点と他施設との調整状況から、UD研究会として適当でないと判断したため、ビル自体の構造に関する議論には触れないこととなった。その結果、ソフト的な対応が主眼点となり、次の2点が必要であるという認識が共有された。

① 障害のある旅客も同一の移動経路を確保すること
　・基本的に同一経路を設定する
　・出入国や通関時において障害当事者等の通路は専用レーンとなるが、他の旅客と同一空間内とする

② 高低差のある場合やビル内階層移動への対応
　・水平な経路設定を基本とし、出発・到着ロビーと航空機の間はエレベーターなどによる上下移動を少なくする。なお、高低差が生じる部分ではスロープと動く歩道を設置するなど、できる限り単独で移動できる環境とする
　・エレベーターは、動線上見やすい位置になるように検討した。また、主要な動線においては、より大型の障害当事者対応エレベーターを設置して、複数のカートや車いす使用者が同時に移動できるようにする

　以降、これらの検討結果に従い、動線の詳細な検討、設計、昇降機開発がなされた。

■CIQに関する移動経路

　CIQとは、国際空港に不可欠な国の機関である税関（Customs）、出入国管理（Immigration）、検疫（Quarantine）植物防疫、植物検疫の総称で、それらの英語の頭文字を組み合わせて呼んでいる。外国へ往来する場合には、すべての人がCIQの検査場を必ず通過する。UD研究会では、従来の空港でのCIQ検査場の不都合な問題点を議論した。

　まず、1人ひとりに対して検査・審査が必要なので、単独行動が困難である人への対応に考慮が必要であることが指摘された。また、出入国審査（パスポートチェック）時において、通路が狭く曲折していること、審査官が高い位置で作業をしているので視線が合わせにくいこと、その場で書類への記載が困難であること等を指摘。また、検疫等の荷物検査の際に使用する台の高さが高すぎることも指摘された。いずれも検査・審査の担当者が円滑に職務を遂行できることや、横からの通り抜けを防止するためのものであることは理解できるが、何らかの工夫をお願いすることになる。

　CIQの部分は、空港会社や国土交通省の管轄外（税関は財務省、出入国管理は法務省、検疫は厚生労働省、植物防疫・植物検疫は農林水産省）なので、UD研究会での検討事項を反映できるかどうかはわからない状況であった。しかし、空港会社を通して関係部署へ要望を提出することになった。従来どおりの設備となった場合には少なくとも車いす使用者がクルー（航空会社の乗務員）の使用する経路を利用できることを要望することとした。

　結果としては関係部署の協力により、日本で初めて、出入国審査台、検疫審査台は車いす使用者がまっすぐ通れるものが、税関にも車いす使用者用カウンターが導入された。

写真3　出国審査台でのカウンター。日本で初めて、まっすぐに通れる車いす使用者対応の審査台を実現した

写真4　記入台

写真5　検疫カウンター

評価と検証

■動線計画全般

　空港全体における移動のバリアフリー化を実現させるためには、多様な管理者の間の調整や、多様な移動支援装置の仕様の統一化を進めなければならない。中部国際空港が空港全体のコンセプトをしっかりと立て、それを個々の設計、運用に展開していき、結果として、統一感のある施設整備ができた。

　高齢者、障害当事者等の意見を反映した鉄道駅などのバリアフリー化が、2000年に施行された交通バリアフリー法の下で進められている。当事者にとっては交通施設のバリアフリー化とは鉄道駅のそれと同様なイメージを抱いていたようだったが、鉄道駅における移動範囲はかなり狭いので案内も比較的簡単なもので十分なのに対し、空港(とくに国際空港)では移動範囲が広く、鉄道駅とは異なる対応とならざるを得なかった。その最大の相違点は、視覚障害者用誘導ブロックの敷設方法である。鉄道駅では駅舎入口から乗車口までの連続した敷設がなされているが、この空港ではアクセス交通機関から案内所までの敷設に留まり、必要ならば案内所から人的支援により案内することとなった(→74ページ参照)。大空間における意味の不明な視覚障害者誘導用ブロックよりも個別対応の方が望ましいという考え方である。これに対して誘導用ブロックは視覚障害者への配慮状況を形に表したものという考え方も残っており、すべての経路に敷設することを望む声もあったから、UD研究会の視覚障害メンバーのなかには、戸惑いを感じる人もいた。

　また、アクセスプラザからターミナルビルの出発階(3階)、到着階(2階)への通路が緩やかな勾配ではあるがスロープのみであることの是非は当初から議論がなされた。これは、脳血管障害や平衡器官に障害がある人で、水平と垂直の移動はできるが勾配があるとバランスが保てないような人たちへの対応ができないという指摘である。しかし、動線がシームレスな空港という全体コンセプトから、動く歩道を誰もがより使いやすいものとなるよう改良することで対応した。

■CIQに関する移動経路

　旅客ターミナルビルは民間施設部分とCIQ施設部分からなり、CIQ施設部分は空港会社が国から設計・建設を委託されているものである。したがって、空港会社はCIQ施設部分の空間を提供するだけであり、仕様つまり具体的な設備をどのようにするかはそれぞれの管理者の責任とされた。しかし、UD研究会で整備内容の要望を取りまとめ、空港会社を通じて管理者側へ検討をお願いした。その結果、UDの考え方を積極的に取り入れてもらい、要望通りの設備内容となった。また、それらの設備の運用方法にも配慮して頂くことになった。

　車いす使用者用の対応は同時に子どもへの対応も可能となった。見えない障害といわれる聴覚障害者とのコミュニケーション保障が運用上の課題である。

　以降、各部位に導入されたUDの達成状況を、編著者による評価によって表(→32ページ)に掲載する。同表のなかで、全盲の視覚障害者ではなくとも、加齢による視機能の低下、白内障、緑内障、糖尿病性網膜症等によってものの見にくい人がおり、本書ではこれをロービジョン者と記している*。

動線計画の考え方

動線計画全般

対象	評価
車いす使用者(手動)	○ 移動の容易さ確保 △ スロープの是非
車いす使用者(電動)	○ 移動の容易さ確保 △ スロープの是非
杖使用者	△ スロープの是非
視覚障害者(全盲)	△ 誘導ブロックの敷設状況
視覚障害者(ロービジョン)*	△ 誘導ブロックの敷設状況
聴覚障害者	―
子ども連れ	△ スロープの是非
外国人	―
すべての人	○ コンパクトな動線

CIQに関する移動経路

対象	評価
車いす使用者(手動)	○ 検査・審査台や記載台が対応
車いす使用者(電動)	○ 検査・審査台や記載台が対応
杖使用者	―
視覚障害者(全盲)	―
視覚障害者(ロービジョン)	○ 記載台の照明(ただし照度は選べない)
聴覚障害者	△ コミュニケーション保障が課題
子ども連れ	○ 検査・審査台が対応
外国人	―
すべての人	―

(磯部友彦)

UDをつくるキーワード————1

ユニバーサルデザインとオルタナティブデザイン

UDというと「誰でも分け隔てなく使える」ためのデザインの追求ということが一般的な解釈である。しかしながら実際に取り組むと、万人に便利で使いやすいという解答を見つけ出すことが困難な事態にしばしば遭遇する。そこで登場するのがオルタナティブ（alternative）、選択性という考え方である。

とはいえ、「オルタナティブ」とは日本ではしばしば「二者択一」と訳されており、「2つに1つの選択」のようなニュアンスと思われがちであるが、本来は「多様な選択肢がある」という意味が最も近い。大部分の人々が同じように使え、同じように通行できるために選択肢が用意されているデザインである。

たとえば、高低差がある場合、階段とスロープ（あるいはエスカレーター）とエレベーターが3点セットで並んでいるというのがその例であり、中部国際空港では3階出発ロビーと4階商業施設の間が階段とエレベーターとエスカレーターの3点セット（→13ページ、写真左参照）、出国手続きのロビーと搭乗ゲートの間がスロープとエレベーターの2点セットとなっている。トイレブースに左右対称の右勝手と左勝手を用意している（→123ページ、写真2参照）のも選択性を高めている例である。

（谷口 元）

中部国際空港のUDを成り立たせたもの、参加者のエピソード、そして今後もひきつづき検討していきたい項目等々を、以降「UDをつくるキーワード」というコラムにしている。本編と合わせてお読みください。

空港へのアクセス［電車］

| コンセプト | カートを利用できる駅ホーム |

　名古屋鉄道中部国際空港駅は、アクセスプラザを介して空港と連続している。空港内で提供する大型カートを、駅ホームまで持ち込むことができ、国内では、最も電車車両の近くまでカートを利用できる駅が実現した。

　UD研究会がスタートした基本設計段階では、すでにこの計画が策定されており、スーツケース等大きな荷物は、電車乗降時を除き、空港内で使うカートに乗せられる計画であった。カートが使えるということは、車いす使用者にとっての検討課題である段差と幅員がバリアにならないことも意味した。

　なお、ホームドアの設置は開港時点では見送られたが、空調対策を目的としながら旅客の安全確保とカートの線路上への落下防止のため、ホーム全体がガラス壁で囲われ、電車へは自動扉を経由して行き来する。その後増設された特急専用ホームにはホームドアが設置されている。

写真1　中部国際空港と同様の整備がされていた先例、香港国際空港

デザイン

■カートおよび車いすの通過が可能

設計当初からの計画により、電車ホームとアクセスプラザとが高低差なく結ばれ、航空会社のチェックインカウンターまで段差がない。また、すべての自動改札でカートが通過できるため、その結果、車いす使用者もすべての改札が通過できるという利点が生まれた。

■ホームと車両との隙間・高低差

空港駅ホームで車両との隙間と高低差は、開港時に導入する新型車両では小さくする設計であること、それらが大きくなる車種を空港線で運行しない方針が伝えられていた。

■ホームドアの非設置（開港時）

UDの観点から、電車駅ホームをホームドアにする例が増えている。中部国際空港でも同様に検討されたが、鉄道会社からは、設けられない理由として、運行車両が数種類となり、車両の扉位置が固定しないとの説明を受けた。

空港駅が北向きに線路が延びているので、当地で「伊吹おろし」といわれる冬期の北風がホームに吹き込み、そのままアクセスプラザやターミナルビル本館に流れることが懸念された。また、夏期の冷房効率を考慮してホーム端から4mの位置に自動扉とガラスで区画壁を設けるよう実施設計段階で変更された。

結果、「ホームドア風」であるが、ホームと広い通路が構成され、その間を自動扉で出入りできてカートをホーム側に出さないよう、カート止めが設けられている。

写真2　ホームと車輌乗降側の間の自動扉とカート止め

写真3　荷物が大きいと、通りづらくなる

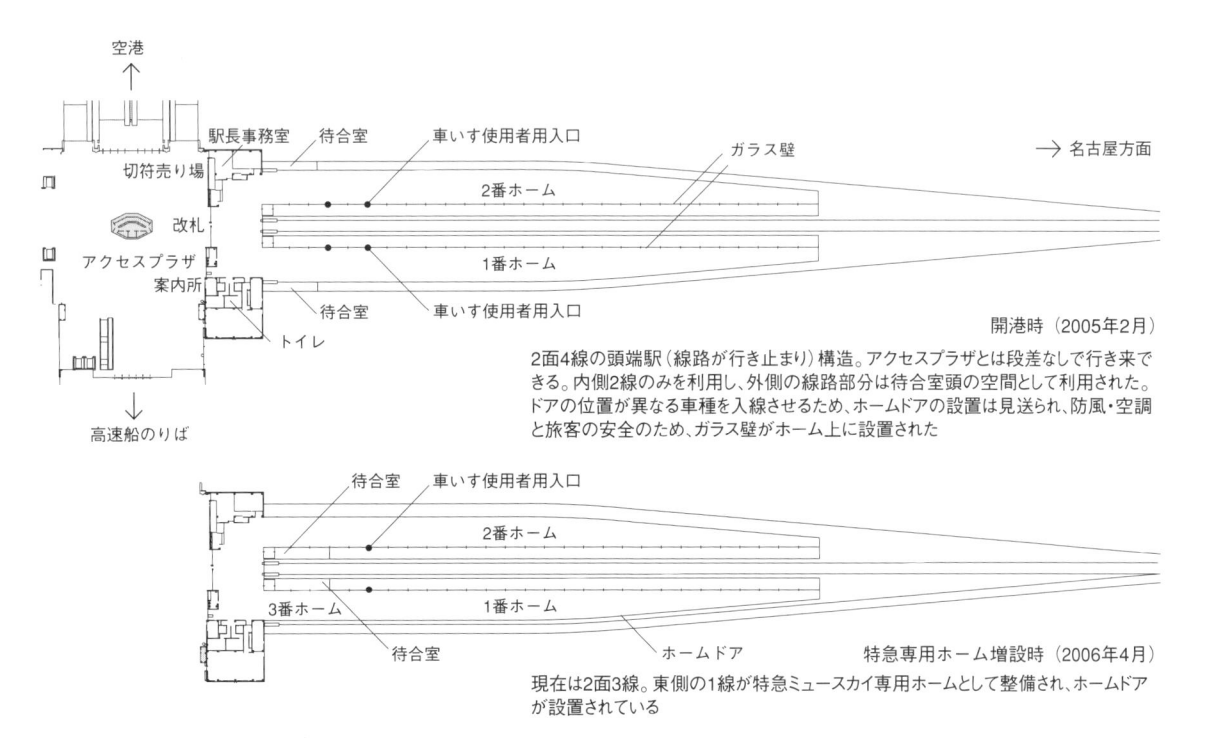

図1　名古屋鉄道・中部国際空港駅ホームの変遷

開港時（2005年2月）
2面4線の頭端駅（線路が行き止まり）構造。アクセスプラザとは段差なしで行き来できる。内側2線のみを利用し、外側の線路部分は待合室頭の空間として利用された。ドアの位置が異なる車種を入線させるため、ホームドアの設置は見送られ、防風・空調と旅客の安全のため、ガラス壁がホーム上に設置された

特急専用ホーム増設時（2006年4月）
現在は2面3線。東側の1線が特急ミュースカイ専用ホームとして整備され、ホームドアが設置されている

空港へのアクセス［電車］

プロセス

カートを利用し、ホームドアを設けない計画の功罪により多くの検討時間を要した。

■施工段階以降の取組み

複数の事業者が関与する交通ターミナルでは、その整備・運用事業体の枠組みを超えて一体的、連続的整備とすべきであるが、空港会社と名古屋鉄道株式会社の調整が整わず、UD研究会との設計協議は施工段階に入っていた2003年7月に開始された。会議数は翌年6月まで7回。カートを利用し、ホームドアを設けないという計画が前提のもとで、多くの検討時間を要した。協議の主題は空港駅の整備に限られ、参加メンバー等も限定するなど、UD研究会としては変則的な取組みとなった。

バス事業者やフェリー事業者との協議機会を持ち得ずに終わったなかでは名古屋鉄道との協議は特筆すべき経過であったことを付記したい。

■ターミナルビルとの統一した整備

分かりやすく、移動しやすい空間とするために、雨に濡れるホーム床面の勾配、床から自立するものの配置、床のパターン、滑りにくさ、自動扉の位置、運行案内表示機の仕様、聴覚障害者への対応等、ターミナルビルでの整備視点と同様の要望を伝達した。

トイレについては、ターミナルビルとの性格の違いや駅でのトイレ整備の特徴から、可能な限り使いやすくなるよう図面での検討が重ねられた。

視覚障害者誘導用ブロックの色は、ターミナルビル側が灰色、駅側は黄色となって統一できなかった。

■カート止めの設置

カートが線路に落ちる事故を起こさないこと、そのためにホームの自動扉より車両側にはカートを持ち込ませないよう、カート止めが設置される旨は、協議が始まるまでUD研究会に知らされていなかったため、議論が沸騰した。カートが通れないということは、車いすも通れない。また、カート止めはエスカレーター乗降口の場合と同様に、視覚障害者だけでなく誰にとっても通行の邪魔になる。最も多くの人の利用が見込まれるアクセス機関であり、電車のホームは、いわば空港の主要玄関というところで、バリアを設けることには異論が多く出た（→66ページ、エスカレーター「カート止めの設置」参照）。

すべての人が動線を共有でき、視覚障害者や車いす使用者、カート使用者も転落しない方策をめざして、カートの利用を見直すこと、ホームドア設置の再検討、ホームの自動扉の開閉方法を工夫すること、列車停止位置の調整と、ホーム上でカート使用可否の区域を設けることが検討された。結果的には、1ルートのみバリアフリーとして、車いす使用者用と視覚障害者誘導用ブロックで誘導する押しボタン式の自動扉を2ヵ所設定することとなった。

写真4　バリアフリールートとなる自由扉

■新型車両への要望

多目的トイレについて現行車両の検証結果から改善点を伝達したほか、車いす使用者用座席のあり方、視覚障害者対応について要望を伝達するだけに留まった。聴覚障害者への文字情報提供は全線的な整備課題として、今回整備には間に合わないと説明を受けた。

評価と検証

■今後の課題

　駅員の接遇も好評で使いやすい駅だが、カート止めのない自動扉に誘導されるバリアフリー経路で自動扉開閉押しボタンの位置が全盲者に案内されない問題が残った。
　車両の更新と、ホームドア整備をセットで計画することが望まれる。そうなれば、誰もが駅構内を便利に移動でき、ホームから転落する不安も解消できる。

■新型特急車両

　2006年4月より特急専用線のホームが設けられ、そこへはホームドアが設置された（写真）。この特急車両の評価について以下のような意見が挙げられているので、記しておく。
・乗降時に扉周囲に光のサインがあり、わかりやすい。
・他の型の車両よりも、液晶画面による情報提供が豊かになっている。
・車いす使用者であっても、車いす使用者用スペースに誘導されない。
　車いす使用者用スペースが非常に狭く、自動扉の感知域に入ってしまうときがある。手動車いす使用者が座席に移乗する条件での設計と考えられ、それ以外の使い方をする乗客には対応できていない。電動車いすではトイレが非常に使いにくい。

写真5　特急専用ホーム。ホームドア（右）が設置

空港へのアクセス［電車］

対象	評価
車いす使用者（手動）	○　ホームと車輌の段差が小さい、改札口の幅が広い △　1ルートバリアフリー、多くの扉を通過できない
車いす使用者（電動）	○　ホームと車輌の段差が小さい、改札口の幅が広い △　1ルートバリアフリー、多くの扉を通過できない
杖使用者	△　通れるが、カート止めが邪魔
視覚障害者（全盲）	○　誘導ブロックが標準色 △　通れるが、カート止めが邪魔
視覚障害者（ロービジョン）	○　誘導ブロックが標準色 △　通れるが、カート止めが邪魔
聴覚障害者	○　視覚による表示 △　通れるが、スーツケースを運ぶのにカート止めが邪魔
子ども連れ	△　通れるが、カート止めが邪魔
外国人	―
すべての人	○　高低差の解消 △　通れるが、スーツケースを運ぶのにカート止めが邪魔

（森崎康宣）

UDをつくるキーワード ——— 2

コストと発注形式

通常、UDはコスト高になるといわれ、削られかねない運命がある。中部空港の開港は産業界と行政が、スクラムを組んで成し遂げられた事業であり、「カイゼン(改善)」、「カンバン(看板)方式」、「ジャスト・イン・タイム」などの合理的な生産手法で、世界のトップに踊り出ようとしているトヨタが、この事業に参画。当初の事業予算は、各地の国際空港との競争に勝ち抜くため、さらに縮約が図られた。

そんな状況で今回UDが実現したのは、ひとえに発注方式の工夫による。いわゆる性能発注方式と呼ばれるもので、あらかじめ定められたスペックをもとに入札にかけられるため、性能を低下させることなく建設コストを抑えられるメリットがある。通常は設計図が完成した段階で仕様が固定され、変更が難しくなる。しかし中部国際空港では当初の設計内容で建設工事が発注された段階で、UD対応が不十分であったものが、工事途中の設計変更と商品開発が平行して行われ、実現に至ったものがあった。

また建設中もVE(バリューエンジニアリング)、いわゆる品質を落とさず工事費を縮約する技術提案を、施工者側から受け付け、発注者が同意するという方式が採用され、合理的な建設が進められた。これもコストアップを抑えられた理由の1つである。

(谷口 元)

UDをつくるキーワード――――3

継続性

近年、さまざまなプロジェクトで「当事者参画型」が導入されるようになった。ユーザーや市民の意見をあらかじめ取り入れ、プロジェクトを進めるのはよりよいことであり、あちらこちらで試みられている。しかし多くの例が、計画や設計段階に参加者を募って「ご意見承り」型で進み、そのあとは参加者はおろか、計画や設計を担当した人々でさえ、どのようなものが完成したか、あるいは使用された後、どのように評価され、問題点があるかが知らされないケースが多いようだ。

リアルユーザーの声が、計画、設計、施工段階まで確実にバトンタッチされ、実現された後は、どのように使われているかの検証までなされなければならないし、それまで参画した人々や地域に情報が公開され、次のプロジェクトに活かされ、地域社会全体に好影響を与えることが重要である。

つまり、完成や使用開始後までの「継続性」を維持できる仕組みづくりが求められている。中部国際空港の試みも事業の完成で終わりではなく、日々改善していく努力が経営側で続けられているが、さらにその成果を広く地域社会に還元していく仕組みづくりもこれから必要となるだろう。2005年度に制定された愛知県の条例に、障害当事者の意見聴取義務が、限定的でも取り入れられた。UDの取組みの成果を地域還元していこうという姿勢を表明した第一歩として、大いに評価したい。

(谷口 元)

空港へのアクセス［車・駐車場］

| コンセプト | 自動車を利用する自立した障害当事者に対応 |

　空港へのアクセス交通機関として、自動車の位置付けは大きい。需要予測では、鉄道、バス等の公共交通と同程度もしくはそれ以上の人が自家用車で訪れるとされた。中部国際空港は人工島であり、対岸の知多半島とは有料道路で結ばれている。料金が高くなりがちな人工島内に駐車場を設置しても利用されるかどうか心配された。しかし、名古屋空港でみられたような空港周辺の民間駐車場が送迎サービスを実施しようとしても有料道路を経由しなければならないので経費が掛かる。よって、そのような民間施設の立地は多くないと判断して、人工島内に大規模の駐車場が設置された。

　空港会社が設置するからには、利便性が高くなるような工夫を施し、さらに、自動車を利用する自立した障害当事者(とくに自ら運転を行う人)に対応した設備を用意し、UDをめざした。

デザイン

■4,000台分の駐車場を設置

アクセスプラザに隣接して4層の立体駐車場が6棟整備され、3,102台収容できる。さらに平面駐車場(将来的には立体駐車場も建設可能)に882台収容できる。他に、観光バス駐車場も用意された。

■障害者用駐車スペースを設置

障害者用駐車スペースは、全旅客用駐車台数の1/100プラス2台という数を最低限の台数として確保された。立体駐車場では48台分(1.55%)、平面駐車場では10台分(1.13%)合計58台分(1.46%)を設置する。場所は、いずれも立体駐車場のエレベーターの近くに配置された。なお、立体駐車場の屋上階はアクセスプラザへ階移動がない場所であり、障害者用駐車スペースを設けたが、屋根を設置できなかったため、上記の台数には参入されていない(立体駐車場は国土交通相大臣認定品を利用したため、新たに屋根を設置できないという制約があった)。平面駐車場の障害者用駐車スペースには屋根が設置されている。また、インターホンも近くに設置してあり、支援が必要なときは連絡できる。

■料金収受の機械類の仕様の検討

自動車そのものは設備の工夫により、障害当事者自らが単独で運転することは可能である。自動車の中の対応は完璧でも有料道路、有料駐車場において利用料金の支払い方法がうまく対応できていなければここで困難が生じる。とくに、入口発券機、事前精算機、出口精算機など無人での対応は、それらの設備の工夫を必要とする。

車いす使用者、上肢障害者、聴覚障害者、補聴器使用者、聾者などのさまざまな人々が自ら運転をしている(なお、聴覚障害者の運転免許取得は現在、緩和への方向が検討中である。当時は当事者の意見から聴覚障害者が安全に運転できることを前提に議論した)。よって、いろいろなケースを想定した機器類の仕様を検討した。

写真1　入口発券機。機器全体のデザインと操作ボタン類が見直された。券の取り出し口が車側に飛び出ており、取り扱いやすい工夫がなされている

■出発系(空港に車で到着したとき)の降車場の位置

自動車で空港を訪れるとき(出発系動線)と、空港から離れるとき(到着系動線)では、バス、タクシー、自家用車(一般車)のいずれも乗降場が異なる。これは、出発系動線ではターミナルビルの1階入口に接するように「おりば」(降車場)を設置し、到着系動線では、ターミナルビルから連絡路を渡ってアクセスプラザまで移動し、その1階に下ってタクシー、バスの「のりば」、立体駐車場の1階部分にある「一般車のりば」(駐車場は30分まで無料)を利用する。出発系動線での「おりば」は、タクシー用の「公共車用レーン」(ターミナルビルのすぐ横)とその隣の「一般車用レーン」に分かれている(なお、一般車用レーンからターミナルビルへの動線はマウントアップ歩道である)。障害者用停車スペースを「公共車用レーン」の一部に設置し、段差なしでビル内に移動できる動線が設計案で確保された。「のりば」は一般車と同じである。

写真2　出発系(空港に車で到着したとき)の降車場の位置

空港へのアクセス［車・駐車場］

プロセス

■入口発券機等のモックアップ

UD研究会では、発券機、事前精算機について、車いす使用者、聴覚障害者、上肢障害者によって、操作勝手を確認し、機器の仕様を検討した。検討内容は、入口発券機では駐車券発行口、係員呼び出しボタン、事前精算機では硬貨投入口、カード差し込み口、紙幣投入口、硬貨取り出し口、領収書発行ボタンの各機器の仕様と、聴覚障害者への対応策である。

投入口、取り出し口の高さは問題ないが、釣銭の硬貨の取り出し口が使いにくい場面があることがわかった。また、駐車券発行口や精算後の券の取り出し口で券や領収書が車いす使用者や上肢障害者には抜き取りにくい状況もあった。掴みしろや待ち時間（発券機では一定時間経過すると券が機器内に戻る）の調整が必要であることが指摘された。強風対策もあり、可能な限りの改善が図られた。

車いす使用者から、鉄道での券売機のように足元部分に蹴込みがあると操作しやすいという要望が出た。その結果、機械の内部装置の配置換えを行い、要望を満たす改善が図られた。

聴覚障害者からは、操作方法が音声での案内のみでは困ることが指摘された。操作内容を文字（画面）でも表示し、その内容を一致させることとした。

また、上肢障害者にはインターホンのスイッチが押しにくかったので、ソフトタッチ式に変更した。この場合には視覚障害者が直接使用することはないと考え、エレベーター等のスイッチとは異なる対応である。このインターホンで空いている駐車スペースの案内もできる。さらに、モニターカメラにより機器設置場所や駐車スペースを確認できるので、係員に異常を伝えることもできる。

写真3 事前精算機。車いす使用者が自分で操作できるような高さとボタン類の配置が実現した

■割引制度

UD研究会の協議過程では、駐車施設がUDとなることから障害当事者割引を設定する必要がないという意見もあった。また駐車券そのものが不要ではないかという意見もあったが、ターミナルビルでの商業施設利用状況による割引制度「商業施設割引」の導入もあり不可欠とされた。他の割引制度は、「セントレアカード会員割引」、「身障者割引」、「低公害車割引」があり、それらの重複利用も可能である。セントレアカード会員割引以外の各種割引の処理は精算前にアクセスプラザのインフォメーションカウンターで済ませる。

さらに、ターミナルビルへは無料送迎が実施されている。立体駐車場の増設が2006年12月に一部完成し、開港時にはP1駐車場で2,500台、P2駐車場で1,500台だったものが、P1で2,500台、P2で2,400台となり、さらに、2007年8月にはP1で3,400台、P2で2,400台に加えて、臨時2,000台の計7,800台分の大駐車場となる（→それぞれの駐車場位置は45ページ、図参照）。

このような状況において、障害者用駐車スペースは当初、それぞれの立体駐車場の各階に分散させて配置したが、障害者以外の利用防止を徹底させるために変更になり、それぞれの1階または4階部分に集約された。また、指定されたもの以外が利用できないような制止板が設置され、利用者への案内時に遠隔操作でそのスペースが利用できるようになった。

評価と検証

■集中配置方式

　駐車場に障害者用のスペースを確保することは、ハートビル法などでも義務付けられていたので、多くのスペースが確保できた。よって配置が大きな課題となった。開港時の状態は、各立体駐車場の各階のエレベーターに近い場所に分散させて配置するというものであった。この場合のデメリットとして、空いているスペースを入場ゲートで指示されてもそこに迷わずにたどり着くことができるかどうかという心配である。

　徐々に拡大していく駐車場全体を考えると、もはや分散配置では管理上も利用上も支障が出ると考え、集中配置へと方針変更した。たとえば、駐車場の案内表示にすべての駐車場すべての階に障害者用駐車スペースのサインを記すことは混乱を招く恐れがあり、わかりやすさ、誘導のしやすさを優先させた。

　また、予約制度は、駐車場利用の傾向を分析し、航空旅客用の駐車場（日貸し）での適用が可能となった。航空旅客以外の利用者でも、どうしても予約する必要があるならば日単位の料金設定に予約料金が付加されるが、ここを利用すればよい。障害者用のスペースもあり、割引も受けられる。

■開港後の対応

　なお、予約の取り扱いは開港後の2006年4月から始められた。UD研究会でも当初から予約制度の検討がなされていたが、満車の場合に、待機している車列の中を予約車だけ先に誘導することはできないとしていた。セントレアの駐車場は、大きく2つ（P1駐車場とP2駐車場）に分かれていたので、2005年10月からP1を旅客用の日貸し駐車場とし、その中のG棟立体駐車場（最もアクセスプラザに近い立体駐車場）の500台分を予約専用とした。駐車料金とは別に予約料金が必要である。予約はセントレアホームページから行い、P1の入口で発券した駐車券をG棟入口前の予約駐車場専用ゲートに挿入すると、予約時に登録した車両番号を確認しゲートが開く。障害者用駐車スペースも対象である。P2は時間貸し専用となった。

写真4　集約配置された障害者用駐車スペース。当初は、各階に分散配置という方針であったものを1階に集約配置させ、入場ゲートで指定されたスペースの制止板が下がり利用できる

空港へのアクセス［車・駐車場］

対象	評価
車いす使用者（手動）	○ 障害者用降車スペースの確保 ○ 駐車スペースの確保 ○ 駐車場発券機等の仕様の改善
車いす使用者（電動）	○ 障害者用降車スペースの確保 ○ 駐車スペースの確保 ○ 駐車場発券機等の仕様の改善
杖使用者	○ 障害者用降車スペースの確保 ○ 駐車スペースの確保
視覚障害者（全盲）	○ 障害者用降車スペースの確保 ○ 駐車スペースの確保
視覚障害者（ロービジョン）	○ 障害者用降車スペースの確保 ○ 駐車スペースの確保
聴覚障害者	○ 障害者用降車スペースの確保 ○ 駐車スペースの確保 ○ 駐車場発券機等の仕様の改善
子ども連れ	—
外国人	—
すべての人	○ 各種割引制度 ○ 駐車場予約制度

（磯部友彦）

出発動線

| コンセプト | 一連の移動経路の円滑化 |

　国内線でも国際線でも航空機に搭乗するまでにはさまざまな手続きが必要である。よって、ここでのバリアフリー化とは単なる物理的バリアや情報バリアの解消だけではない。障害当事者だからといって手続きが複雑になったり、ほかと異なる扱いとなったりしてはいけない。移動が容易な空間整備と、トラブルの起きない諸手続きの両方を含むことが円滑な移動にとって不可欠である。

　出発動線においては、アクセスプラザやターミナルビル1階の降車場に到着してから、航空機に搭乗するまでの一連の移動経路で円滑に進めることをできるようにする。そのためには、使いやすい施設整備と適切な人的サポートが用意された。

　具体的には、自分の契約した航空機会社のチェックインカウンターまで容易にたどり着くこと、さらに、そこから、さまざまな検査・審査手続きを済ませて搭乗ゲートにたどり着くこと、さらに航空機に搭乗するまでの一連の移動がすべての人にとって円滑であることが図られた。

　また、介助が必要な人にはチェックインカウンターまでは空港会社およびアクセス交通機関の責任で対応し、そこから航空機までの搭乗は航空会社の責任で対応され、さらに、アクセス交通機関の管理者との連携が調整された。

> デザイン

■アクセスプラザから出発ロビーまでの円滑な移動

　設計案では混雑の見込みに合わせたアクセスプラザと出発ロビーの広さを十分に確保し、また、案内所をアクセスプラザとターミナルビル1階と3階（出発階）に設置された。さらに、チェックインカウンターまでの誘導のために適切なサインが設計された。

■出発ロビーから航空機までの円滑な移動

　出発ロビーから航空機までの移動経路では、エレベーター、エスカレーター、階段による上下移動を要しない設計された。やむをえず高低差が生ずる場合は、最大1/12の勾配のスロープとし、可能な限り緩やかな勾配になるよう検討された。スロープは高低差750mmごとに長さ1,500mm以上の水平部分を設置する。なお、この傾斜路においては、キャスター付きのスーツケースなどが逆走（転がり落ちていく）しないことが確認された。

　図に示すように、チェックインから航空機搭乗まで短い経路で移動できる。チェックインカウンターでの搭乗手続き、セキュリティチェック（保安検査所）、出国審査（国際線の場合）、税関出国検査場（国際線の場合）、航空機への搭乗という一連の移動がほぼ同一平面内で済ますことができる。高低差が生じる場合は、緩やかなスロープでの対応を基本とし、エレベーターも設置されている。また、出発ゲートまでは動く歩道も設置されている。

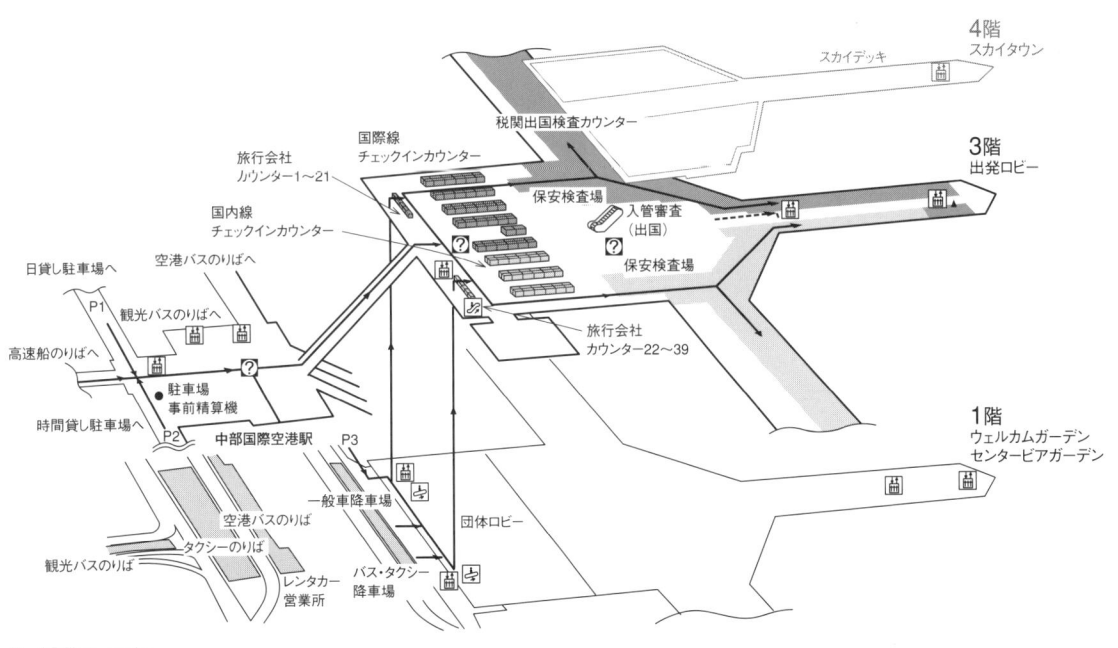

図　出発階のレイアウト

1　アクセス

出発動線

プロセス

■動線の概念の確認——基本設計段階

基本設計の段階では、出発ロビーの広さと混雑見込みの検討がUD研究会でなされた。アクセスプラザの面積も含めて十分な広さを確保すること、また、出発ロビーから航空機までは高低差のないようにすることが確認された。さらに、適切に案内所が設置されていることが確認された。

■可能な限り自身の車いすを使用できる

車いす使用者にとって車いすは自分の身体の一部といえる。航空機内では専用の車いす(アイル・チェア)に移乗するとしても、航空機搭乗前では可能な限り自身の車いすを使用できるようにする必要がある。よって、車いす搬送のためにも、搭乗ゲート付近に昇降機を設けて、搭乗の直前まで自身の車いすを使用できるようにした。また、ストレッチャーを使用する重度障害者等については、利用者ごとの動線が計画された。具体的には、以下のことをUD研究会では検討した。

・利用者の選択で自身の車いすを使い、ドアサイドまでの移動を可能にする
・搭乗前に、自身の車いすを手放すべき場所や時間を明確にする
・1階バスラウンジへの昇降機をストレッチャーが積める大きさとすることを検討する
・呼吸器をつけたストレッチャーの搭乗方法を検討する
・アイル・チェアは手動車いすと兼用できるタイプを導入する

■移動経路の詳細な検討——実施設計段階

実施設計の段階では、移動経路の詳細部分の検討がなされた。

国際線の移動経路には出国審査が必要だが、この時点の設計案では出発口から出国審査カウンターに至る障害者旅客経路に屈曲があるものだった。セキュリティー機器は8基を設置する予定だったが、当面はすべてを設置するわけではないので、屈曲のない経路の確保が可能であることと、将来の拡張時にも屈曲のない計画を検討した。

出発コンコースに生じた2mの高低差は、スロープ設置で解消する設計案だったが、多目的に利用可能なリフトなどの設置についても検討することとした。

車いす使用旅客の選択によって自身の車いすを使ってゲートラウンジまで移動できるようにゲートで手放した車いすを運ぶため、小荷物専用昇降機を10基追加設置するよう修正された。なお、電動車いすのバッテリー着脱(航空機の荷物室に登載する際にバッテリー部分を外してバッテリー液が漏れないような措置を施す必要があり、そのため作業時間の確保のために早めに電動車いすからアイル・チェアに移乗する必要があること)を可能な限り、搭乗直前、降機直後にできるように検討をすることとした。また、ストレッチャーを使用する重度障害者等は、別動線でもかまわないこと、アイル・チェアは手動車いすと兼用できる既製品を導入するということで検討を進めた。

■設備設置における検討——施工段階

施工段階においては、さらに、詳細な検討をUD研究会が実施した。

施工段階になって導入される設備の仕様が明確になり、設備そのものの使いやすさの追求と、設備の配置における連続した動線確保の検討が必要となった。

まず、セキュリティチェックのための保安検査場の一部で、柱があるために車いす使用者の移動が困難となることがわかった。そのために、検査場入口で車いす使用者が利

写真1 2mの高低差解消のために設置されたエレベーター。当初の設計案ではスロープでの対応となっていた2mの高低差に対して、主動線はスロープのままだが別途エレベーターも付加することにより利用者が選択できるようにした。

写真2 小荷物用エレベーター。車いす使用者は機内専用の車いすに移乗するが、使い慣れた自身の車いすを搭乗前にできるだけ長く利用できるように、小荷物用エレベーター(業務用にも利用される)を搭乗ゲート近くに設置した。到着時も車いすをすばやく利用者に届けることができる

用可能な経路を表示する必要があるのではという懸念が生じたが、検討の結果、若干窮屈になるが、柱のある部分も車いす使用者が通過可能であることがわかったので、サイン等の設置は必要なしとした。

さらに、経路上にやむをえず生じる高低差が大きいときは、スロープに加えてエレベーターを併設し、経路上選択の自由度を上げることを提案した。出発コンコースに生じた2mの高低差は、スロープ設置と乗継ぎや空港ラウンジ利用とも共用する、多目的に利用可能なエレベーターを追加設置するよう変更された。

評価と検証

交通バリアフリー法により鉄道駅のバリアフリー化は、高齢者や障害当事者等の意見を取り入れながら進められてきた。駅のバリアフリーと空港のバリアフリーとは共通点も多いが異なる点もある。

共通点は、最低限必要な通路の幅員、情報提供、段差の解消、昇降機の仕様などである。

空港が鉄道駅と異なる点は、まず、航空機への搭乗手続きが必要であること。航空券の予約から始まり、それを搭乗券に換え、手荷物を預け、自身の保安検査を受け、搭乗ゲートに向かう。案内にしたがって航空機に搭乗する。さらに、国際線の場合には、税関、検疫、出国審査の手続きが加わる。これらすべての手続きがトラブルなく進められ、安全に移動できる空間を利用者は望んでいる。

UD研究会での議論は、このような空港の特殊性を考慮しながらバリアフリーの実現に向けた検討がなされた。障害当事者からはいままでの空港利用時のトラブル事例が紹介され、そのようなことにならないために講ずべきことが明確になった。

出発動線

対象	評価
車いす使用者（手動）	○　移動の容易さ確保 △　スロープの是非、搭乗橋（可動部）つなぎ目の段差と傾斜
車いす使用者（電動）	○　移動の容易さ確保 △　スロープの是非、搭乗橋（可動部）つなぎ目の段差と傾斜
杖使用者	△　スロープの是非、搭乗橋の完成度 ×　歩行距離の長さ
視覚障害者（全盲）	△　誘導ブロックはアクセスプラザのみ
視覚障害者（ロービジョン）	—
聴覚障害者	—
子ども連れ	△　スロープの是非
外国人	—
すべての人	△　誘導案内

（磯部友彦）

UDをつくるキーワード————4

UD研究会メンバーの構成

UD研究会は、そのメンバーが固定していたわけではない。立ち上げ後、研究会が進むにつれて、その構成も変化していった。立ち上げ当初のメンバーを募集する際、各種の団体の長や、航空機の利用経験等を必須条件とはしなかった。日常よく外出し、団体の声を届けられる人を集めて、研究会はスタートした。

動線の検討が主要な部分である基本設計段階(2000年)では、20人中10人と、肢体障害のメンバーが多かった(表)。実施設計段階(2001年)では、情報伝達を確実にするために難聴者の団体等を加え、2人だった聴覚障害のメンバーが8人まで増えた。さらに仕様の決定が中心となる施工段階(2002～2004年)では、UD研究会での狙いの1つとしたロービジョン者の対応を進めるため、偶然のつながりも重なって視覚障害メンバーの増員を図った(当初1人だったのが最終的には8人)。

ものづくりが具体化するにつれて、メンバーに単独または障害をもつ人だけで空港を利用した経験が求められるようになった。またメンバー自身もそれを自覚するようになる。直接の体験があることで、メンバーの発言に具体性が増し、空港にふさわしい詳細な仕様を提案できるようになった。実施設計以降、施工までの期間、メンバーは海外を含め全国各地のさまざまな空港を取材した。その利用体験が、中部国際空港のUDに活かされている。

UD研究会・竹内伝史座長は研究会を締める時、「皆さんは、それぞれの障害の立場で、もう空港設計のプロですね」と言った。この言葉は、労をねぎらう麗句に決して留まらないだろう。

(森崎康宣)

表 研究会・部会メンバー構成の変化

年次	2000 基本設計	2001 実施設計	2002 施工	2003 施工	2004 施工
視覚	1	3	7	8	8
聴覚	2	8	7	7	7
肢体	10	11	15	16	16
知的	1	—	—	—	—
学者	6	6	6	6	6
計	20	28	35	37	37

UDをつくるキーワード────5

さまざまな立場の人々の参画

学識経験者のひとりということで私が出席したUD研究会の始まりの頃は、バリアフリーの要望団体が、その要望を受諾するかどうかと話し合う、まるで団体交渉のようなとげとげしい雰囲気だった。それがいつしか、皆の協力で空港のUDを実現しようという雰囲気に変わったときが、研究会がうまく動き出すきっかけだった。

当初から参画していた空港関係者や設計事務所、行政関係者、ある段階から参画した建設会社や設備メーカー等、その担当者のなかには、なんとなく「余計なことを」という顔つきもなかったとはいえない。でも、検討会議を重ねるうちにしだいに参加者が熱を帯び、取組みの姿勢に変化が現れた。障害者の意向をできるだけ反映させようとする熱意が伝わってきた。

おそらくこの頃から、各企業では経営戦略としてのUD導入の必要性が言われ始めている時期だった。それと重なり、商品開発や建築計画にどう反映するべきか悩み始めている時期に、タイミングよくこの取組みが動き出したのではなかろうか。いずれにしても、つくる立場、使う立場、さまざまな立場の人々の参画で、中部国際空港のUD化が実現されたのは画期的なことだった。

とはいえすべての事業でUDの取組みがさまざまな立場の人々の参画から成り立つのは難しい。地域の自治体やNPOを活かすなど、事業規模や手法を工夫してUDの実現を促進していく必要があるだろう。　　　　　　　　　　　　（谷口 元）

到着動線

| コンセプト | 初めて利用する人でも交通機関に乗り継げるわかりやすさ |

　空港に着陸し、航空機からターミナルビルへ、ターミナルビルから自分の目的地へ向かう交通機関ののりばまでの到着動線では、円滑に移動できるための整備が求められる。到着動線においては、初めてこの空港へ降り立った人でも容易に自分の行き先を見つけて、それぞれの目的地へと向かえることが必要である。そのためには、まず、空港内での諸手続を円滑に済ませ、次に乗車する地上の交通機関ののりばへと円滑に移動できることが望まれる。

　具体的には公共交通機関(鉄道、路線バス、タクシー、定期船)ののりば案内や運行状況の情報提供、道路交通状況、出迎えの人との待ち合わせ場所の案内等も設置された。

　また、ハード面の整備だけでなくソフト面の対応も必要である。よって、介助が必要な人には空港を離れる交通機関まで、人によるサポートを提供できる体制を確立し、アクセス交通機関の管理者、空港会社、航空会社等との連携が調整された。

デザイン

■高低差のない計画と、搭乗橋の緩やかな勾配

　動線計画全体でも触れたが、できるだけ水平な移動経路の確保はここにも該当する。とくに、到着ロビーがターミナルビルの2階部分にあるため、航空機から到着ロビーまでの到着動線全体を通して高低差はほとんどなくし、また、搭乗橋の勾配はできる限り緩やかな計画となっている。

　図に示すように、航空機から手荷物受取所まで高低差なしで移動できる。航空機からの降機、入国審査（国際線の場合）、手荷物受取所、動物・植物検疫（国際線の場合）、税関入国検査場（国際線の場合）という一連の移動がほぼ同一平面内で済ますことができる。また、到着ゲートからは動く歩道も設置されている。国際線相互間と国内線相互間の乗継ぎの場合には2階の乗継ぎ口より3階の乗継ぎカウンターへ直接移動でき、その経路にはエレベーターとエスカレーターが用意されている。

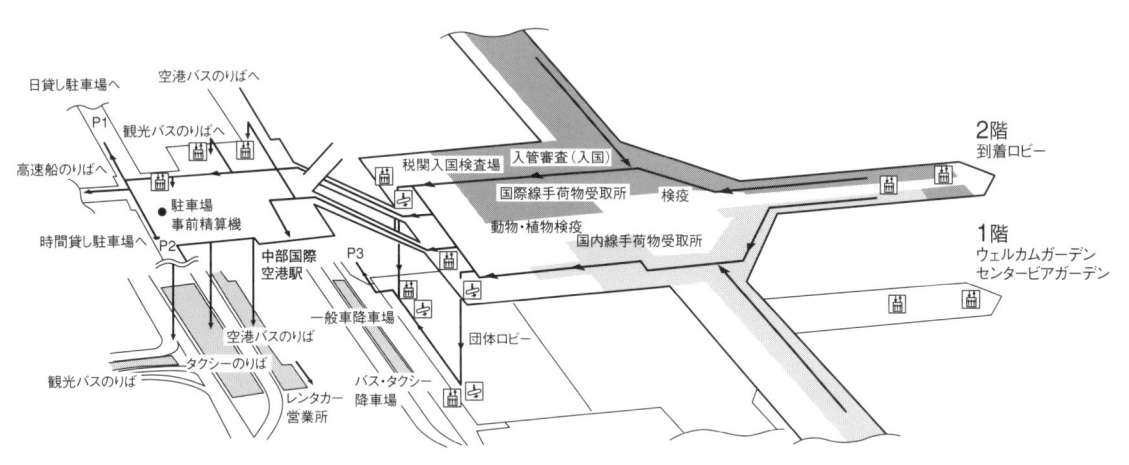

図　到着階のレイアウト

到着動線

プロセス

■ 混雑解消と高低差緩和

　基本設計の段階では、到着ロビーの広さと混雑見込みの検討がなされた。アクセスプラザの面積も含めて十分な広さを確保したとする設計案であったが、空間として十分な広さであるかどうかのさらなる検証をUD研究会として要望した。

　また、航空機から到着ロビーまでは高低差のないようにすることが確認された。さらに、搭乗橋の勾配はできる限り緩やかにすることがUD研究会で提案された。従来の搭乗橋は接続部や伸縮部に段差が生じており、専門メーカーによる製品開発を期待することになった。

写真1　検疫審査台。検疫で3台、入国審査では1台をまっすぐに通れる車いす使用者対応カウンターとした。日本で初めての設置となった

■ 到着ロビーの流動をよくすること

　到着ロビーの広さと混雑見込みの検討をUD研究会で詳細な図面により実施したところ、やや狭いのではという意見が出た。これは他空港で多く見られるよう、1階到着ロビーの外にデッキなどの開放空間があるのに対して、中部国際空港の到着ロビーは2階にあり、ターミナルビル外部空間へは直接出られないので、設計図面を見た限りでは多少圧迫感を感じるという懸念であった。慎重に検討したところ、到着ロビーの面積の考え方はアクセスプラザの面積も含めて十分な広さを確保するという設計案であり、その広さの妥当性を確認できた。

　さらに、地上の乗換え交通機関の予約および案内機能がアクセスプラザに集約しているので、そこへの案内を確実にする必要があることをUD研究会が指摘した。そのために、流動をよくするような検討がなされ、アクセスプラザへの連絡通路接続部の風除室、案内カウンターの大きさ、ロビー内のコンセッションの配置、誘導等がUD研究会で検討された。

■ 手荷物受取所の案内

　手荷物受取所において預けた荷物を受け取るベルト番号を、目の高さで確認できる画面の追加がUD研究会で検討された。国内外の空港でロービジョン者（ものが見にくい人）が困っていることへの解消策である（→90ページ、FISも参照）。

■ サポート体制のあり方

　施工段階では、必要な人には空港を離れる交通機関までサポートを提供できる体制として、アクセス交通機関との連携を調整する必要性がUD研究会で指摘された。これは、従来どおり航空会社職員が空港アクセス交通機関まで対応することを想定している。

写真2　手荷物受取ベルト番号の案内画面。ロービジョン者でも近い位置で直接に視認できる

■ サインの必要性

　到着ロビーの流動の検討から、次のことがUD研究会で指摘された。混雑や混乱のない流動が確保できるかという懸念と、到着ロビーに出たところでアクセス交通施設の案内が見つけにくいこと、到着出口前の館内地図周辺も混雑するという懸念である。よって、場所により補助標識の設置の検討も必要であることが指摘された（→72ページ、サイン、写真7参照）。

評価と検証

　既存の空港と中部国際空港とは、ターミナルビルの形が違うため、到着後の旅客流動の滞りが懸念された。確かに中部国際空港の到着ロビーは国際線・国内線ともに十分な空間を確保していたが、地上の交通機関への乗継ぎをするためには、アクセスプラザまで移動して乗車券の購入・予約をしなければならないこと、出迎えの人との待ち合わせ場所をどこに設定してよいのかがわかりにくいこと、などという「複雑な空間である」という印象を、一部のUD研究会メンバーは抱いていた。

　これは、連続した屋内空間の広がりをどのように活用するかという論点でもあった。そこで、適切な誘導案内を設置することが必須と結論づけられた。適切な誘導ができれば、旅客誘導の停滞は減り、空港から離れるまでを短時間ですることができる。

　また、ターミナルビルとアクセスプラザとの連絡通路のスロープは、勾配は緩いものの、利用者によっては困難さを伴うケースも想定されることをすべての関係者が理解し、支援ができる体制の必要性を確認した。

到着動線

対象	評価
車いす使用者（手動）	○　移動の容易さ確保 △　スロープの是非、搭乗橋（可動部）つなぎ目の段差と傾斜
車いす使用者（電動）	○　移動の容易さ確保 △　スロープの是非、搭乗橋（可動部）つなぎ目の段差と傾斜
杖使用者	△　スロープの是非、搭乗橋の完成度 ×　歩行距離の長さ
視覚障害者（全盲）	△　誘導ブロックはアクセスプラザのみ
視覚障害者（ロービジョン）	―
聴覚障害者	―
子ども連れ	△　スロープの是非
外国人	―
すべての人	△　誘導案内

（磯部友彦）

エレベーター

| コンセプト | 利用者の視点に立った使いやすさ |

　UD研究会の検討では、基本的な動線上で旅客用エレベーター（以下、単にエレベーター）を利用することを前提とし、使用する立場から見た統一性を確保することを目的に検討を行った。

　エレベーターの設置場所は、移動動線上から計画された。これは、動線計画の考え方のとおり、すべての人が同じ経路を利用できることを保障するという考え方である。そして、旅客動線上で階移動が必要となるところに、移動負担にならず、わかりやすい位置に設置することを原則とした。また、可能な限り移動動線が直線的になるように、乗り口と降り口を別方向とする形式のエレベーターの適用も検討された。

　設置基数は車いすおよびカートの使用者を含めた利用想定人数より決定された。大きさは設置後の変更が困難であることから可能な限り大きめのものの設置をUD研究会で検討した。主要な動線上で40人乗り程度（カートと車いすが4台程度乗込み可能）、最小で13人乗りの機種を検討し、実施設計段階で設置場所の検証を行った上で決定した。ソフト対策についても高齢者、障害当事者等の意見を反映させ、検討した。

デザイン

■わかりやすい設置場所
動線上で移動負担にならないように、エレベーターはわかりやすい位置に設置された。なお、利用量に対応した大きさおよび台数が設置された。

■設備仕様の検討
旅客用エレベーターはすべて、車いす対応、視覚障害対応の設計とされた。設備仕様については、設計段階で確定するのではなく、UD研究会での受注メーカー担当者との協議により検討された。

点字情報の内容と配置の問題やボタンの形式・形状・色彩の問題もメーカー側の標準的仕様をそのまま採用するのではなく、UD研究会で再度検討され、UDの観点からエレベーターの詳細な仕様が検討された(詳細は56ページ参照)。

■音声案内などのソフト対応
ソフト対策も、受注メーカーが決まり次第、UD研究会でメーカー担当者との協議により検討された。

音声案内、視覚による案内、触覚による案内等を的確に組み合わせて、視覚障害者、聴覚障害者等への対応を十分に検討した。

音声案内は、外国人への対応と視覚障害者への対応から、日本語だけでなく英語による案内も必要とされ、わかりやすい表現や、エレベーター内部だけでなく外部で待っている人への案内もUD研究会で検討された。他の言語対応は、今後の検討とされた。

さらにエレベーターのりばの位置をわかりやすくするための音声情報や視覚的サイン(案内サイン、照明、色彩デザイン)がUD研究会で検討された。

また、非常時の対応のために、非常電話の扱いやすさ(設置場所、使用方法、聴覚障害者対応の文字表示)、監視カメラ、TVモニターについてもUD研究会で検討を行った。

写真1　二方向扉のエレベーターかご。鏡は非設置とした

■ゆったりとしたかごの大きさ、扉幅
1階から3階を結ぶメインのエレベーター4基のかごは大型カートと車いすが計4台程度納まる程度の十分な大きさとし、視覚障害者対応、車いす使用者対応とされた。実施設計段階で、扉幅とかごを大きくするよう検討され、センターピアとバスラウンジで2基ずつ改善された。

■かご内の鏡は不要
かご内の鏡は車いす対応仕様とされるが、ロービジョン者の空間認知に支障となる場合がある。UD研究会では、中部国際空港に設置する大きなかごには鏡は不要であると結論づけた。しかし法規上からはどのような場合でも鏡の設置は必要としているので、扉が1つの場合には鏡を設置し、二方向扉の場合には鏡を置かなかった。

エレベーター

プロセス

■昇降機ごとにメーカーが決定──施工段階からの検討

旅客ターミナルは工区を分けて施工を行ったが、昇降機メーカーはいずれの工区も共通となった。エレベーターとエスカレーターはA社、ゴムベルト式の動く歩道はB社、パレット式の動く歩道はC社と、昇降機の種類ごとにメーカーが決定された。

それを受けて、UD研究会では昇降機分科会を設置し、メーカー3社の担当技術者との協議が行われた。3社を交えた協議としたのは、できるだけ仕様を共通化したいとの考えからである。各社はすでにオリジナルのバリアフリー仕様をもっており、エレベーター協会での検討もなされていた。しかし、共通の仕様とはいえない状況にあるとUD研究会では判断し、それらを統一する目的で分科会を進めた。とくに議論を重ねた事項は、操作ボタン、案内方法、緊急時案内であり、案内方法は各昇降機共通の課題としても重要であった。

■操作ボタンの位置の検討

UDの観点から、UD研究会では操作ボタン類を車いす対応の位置だけに整理することが妥当ではないかという議論があり、この問題を検討した。メーカー側は技術的に対応可能とのことだったが、視覚障害者から異論があり、それを受けて従来どおり一般用に加え、車いす使用者用操作盤およびスイッチを設けることとなった。この検討からわかったことは、車いす使用者用操作盤はつけ足しの対応ではなく、扉横に位置する操作ボタン類と一体となったシステムであり、両者はエレベーターのUDでは不可欠な設備ということである。またボタンの形状も、タッチセンサー方式のボタンでは、視覚障害者には操作状況が確認できないため、ボタンを押し込んだ感触がわかるボタンとした。これは、メーカー側の標準仕様でもあった。各ボタンには凸文字の表示とし、その左側に直打ち点字を配置した（→102ページ、昇降設備の操作盤参照）。点字位置の検証調査を既存施設で行い、操作ボタンの左に付けることで統一した。他の設備・空間も同様である。

さらに、設計原案ではホール側で自立型の呼びボタンの設置を検討していた場所もあったが、すべての呼びボタンを、扉の右側に配置するように統一させた。

■モックアップによる案内方法の検討

案内方法や、タイミング、表示内容をモックアップで検証した。ホールでは、2基並列するときは、かごの到着を音（チャイム）と光（ランタン）で案内し、1基だけのところは、音（チャイム）のみで案内することとなった。

エレベーターのガラス壁は半透明な合わせガラスを採用することが設計で提案され、UD研究会で検証を行った。（→80ページ、色彩参照）。

■緊急時案内の検討

聴覚障害者のために緊急時案内が検討された。緊急時の視覚的情報提供として案内文字内容を追加し、可能な範囲で大きな文字とすることとなった。とくに、「満員（定員オーバー）」の案内は音（ブザー）だけでなく、文字表示も必要であり、モックアップ検証後、サイズの大きい文字を採用し、さらにそれを点滅表示させることとなった（→108ページ、緊急情報提供参照）。

また、上肢障害者による非常通報ボタンの取扱いやすさに配慮し、従来仕様である長押しとはしないこととなった。

①ホールランタン
2台並列配置のEVには、ホールランタンを設置し、EV到着時の視認性を向上（電球色点灯）

②乗場到着チャイム
全乗場に到着チャイムを設置し、EV到着時の認識を向上させた

③大型窓
乗場扉には大型の窓を設置し、かご室内を見やすくした

④敷居すき間　20mm
乗場とかごの敷居のすき間を30→20mmとすることにより、乗降の安全性を向上させた

⑤のりばボタン視認性
サインプレートをボタン側に配置し、色調のコントラストを付けることにより、のりばボタンの位置をわかりやすくした

⑥インジゲータ
インジゲータを目線の高さ（床面より1,550mm）に配置することにより、視認性を向上させた

⑦満員灯
満員灯の文字サイズを従来比2倍とし、点滅させることにより、視認性を向上させた

⑧横長大型ボタン
横幅を133mmとし、乗場操作盤の中心から扉側に近づけることにより、操作性を向上させた

図　エレベーターの仕様。さまざまな利用者の意見を反映させて、乗り場、かご内ともに安全で使いやすい仕様へと変更された。中部国際空港のために新規に作成された部品もある

評価と検証

エレベーターは、交通施設だけでなく建物内でも多用される機器であり、段差解消のためのバリアフリー機器としての代表格でもある。各メーカーやエレベーター協会でもUDを考慮した製品開発がなされている。

しかし、UDの難しさであるが、提案された製品が誰の利用を想定したものであるかというところから、UD研究会では議論が始まった。その結果、メーカーの提案のままでよいところ、少し変更したところ、ほかの昇降機との共通性を追求したところに加えて、既製品には見られなかった聴覚障害者への対応（とくに案内方法について）がなされた。

また、さまざまな障害者が何をどのように気をつけてエレベーターを利用しているかという事実の確認、ある障害者へのバリアフリー対策が他の障害者に対して支障となること（たとえば、かご内の鏡、かご内手すりと車いす使用者用操作盤の高さ）もわかった。利用者のすべての要望を叶えることはよいのだが、同じ空間を皆で共有する場合には実現できない。むしろ何の整備を優先すべきかという課題に対しての調整方法を検討することこそがUDの進め方であると感じる。

エレベーター

対象	評価
車いす使用者(手動)	○ ボタン類の位置、扉の形態、かごの大きさ
車いす使用者(電動)	○ ボタン類の位置、扉の形態、かごの大きさ
杖使用者	―
視覚障害者(全盲)	○ ボタン類の位置、形状、音声案内（ブザー、言葉）、点字情報、触覚による情報
視覚障害者(ロービジョン)	○ ボタン類の色、半透明のガラス壁 × かご内の鏡
聴覚障害者	○ 視覚による情報提供（特に満員時） △ 半透明のガラス壁 × 非常用のテレビ電話は未設置
子ども連れ	○ ベビーカーも利用できる
外国人	○ 英語による音声案内と案内表示 × 英語以外の言語に非対応
すべての人	○ すべてのEVが同じ仕様 △ 非常ボタンの色と形状

（磯部友彦）

UDをつくるキーワード――――6

本当に必要？――大きなエレベーターでのかご内の鏡

結果的には設置されたものの、UD研究会が設置不要と提案したものや、提案仕様では整備しなかった設備がある。言葉足らずのところやデータ不足もあり、いささか暴論かもしれないが、UD研究会の活動のなかで感じた「本音」を"本当に必要?!"か紹介したい。

エレベーターについては、カートや車いす使用者の利便を考えてできる限りかごを大きくし、扉の開口幅を広げるよう実施設計が変更された。近年、珍しくなくなってきたかご内の鏡、これは車いす使用者の後方確認用であるが、扉の開口が広くて袖壁のないエレベーターでも必要かという意見が出た。福祉のまちづくり等の整備マニュアルでは、鏡の設置を求めているが、これは、想定されるエレベーターが11人乗りを基準にしているためではないだろうか。それよりも大きなエレベーターのかごでは、果たして本当に必要だろうか？

普段、電動車いすを使う6人で実地検証を行ったところでは、開口幅1,100mmでは意見が分かれるものの、1,200mm以上ならば不要という意見であったことから、UD研究会としては鏡の設置は不要という意見をまとめた。

かごが大きくなると、当然鏡も大きくする必要がある。ところが大きな鏡は、じつはロービジョン者には錯覚を起こしやすくなると指摘されている。

鏡の設置ひとつとっても、難しい一面がある。状況ごとの判断や、工夫を重ねることをUD研究会は努めていたと振り返る。

（森崎康宣）

UDをつくるキーワード────7

スパイラルアップ

UDとは、形のしっかりしたものというイメージを思い浮かべる人がいる。それは「デザイン」という名前から発想されるものであろう。しかし、UDの本質を追及すればするほど、1つの完成した形に到達することは難しい。
UDの対象とすべきものは変化していく。最初はこれができれば大成功ということがらであっても、しだいにそれが当たり前のこととなり、より高度な内容を人々が要求し始め、次に達成すべき目標が新たに生まれる。また、UDへの対応技術も進歩していく。ハード整備主体だったものが、それを支える心配りをサポートするソフトの対策へと発展したり、各種機器・設備の技術につねに向上が図られている。利用者の意見を聞き取り、改善点を見つけ、よりよいものを提供していくことがものづくりに携わる人の使命であろう。利用者の変化や、技術向上等々、さまざまな要因でデザインに終わりはない。
ロナルド・メイス(Ronald L. Mace)の提唱したUDの「7つの原則」への対応について注目すると、UDでつくられたものといっても当初からすべての原則を達成しているものばかりではない。しかし、徐々にこれらの原則を満たしていくための努力は必要である。
だから、UDで計画・設計してつくり上げたものであっても、それを利用していくうちに種々の問題点が見つかり、それに対して解決を図っていく過程が大事なのである。たとえば携帯電話の端末機器は、大きさ、形状、機能が利用者ニーズに合うようにメーカーによる製品改良が何度も繰り返されている。このような検討の積み重ねは端末機器を利用者にとってよりよい製品へと進化させつつある。
UDは、ある形を持ったものというよりも、物や仕組みをよりよくしていく「システム」であると考える方がよい。つまり、計画、設計、施工、利用、検証、改善という、繰り返しの作業を重ねていくというシステムである。これはまさに「スパイラルアップ(渦巻状に向上するさま)」である。スパイラルアップはUDにとって不可欠な特性として理解すべきだ。

(磯部友彦)

※ユニバーサルデザイン(UD)とは、米ノースカロライナ州立大学ユニバーサルデザインセンターのロナルド・メイスが、それまでのバリアフリーの概念に代わって提唱した概念で、「年齢や能力に関わりなく、すべての生活者に対して適合するデザイン」をいう。ロナルド・メイスが提唱する概念は、以下の7つの原則から構成されている。

1　equitable use(公平な利用)
2　flexibility use(利用における柔軟性)
3　simple and intuitive use(単純で直感的な利用)
4　perceptible information(わかりやすい情報)
5　tolerance for error(間違いに対する寛大さ)
6　low physical effort(身体的負担は少なく)
7　size and space for approach and use(接近や利用にあたっての大きさと広さ)

動く歩道

| コンセプト | 歩行移動距離の短縮化 |

　旅客ターミナルの計画の特徴である「ユニバーサルデザインによる誰もが使いやすいターミナル」では、旅客ターミナルビルの形態を出発／到着の2層構成にすることで、階層移動を最小限にすることと、アクセスプラザから航空機までの動線をスロープで結び直線的でスムーズな歩行空間を実現することが図られた。また、チェックインから搭乗までの歩行距離が300mを超えないようにすることも計画された。しかし、実際には移動距離が300mを超える場合が生じたり、また、長いスロープの移動により利用者に大きな負担を強いたりする。そのような箇所には、歩行支援装置が必要であると考え、いわゆる「動く歩道(MSW)」が設置された。

　計画では、アクセスプラザからターミナルビル2階(到着階)と3階(出発階)のそれぞれへの連絡路(上の写真、傾斜型)、出発時のゲートラウンジへの通路(写真1)、到着時のCIQや手荷物受取所への通路のそれぞれに進行方向のみに設置され、また、セントレア内駐車場や高速船のりばへの連絡路には往復方向に設置された。

写真1　水平型動く歩道

デザイン

■すべての旅客の歩行負担を軽減

空港には大きな荷物を抱えた旅客や家族連れなどさまざまな旅客が利用する。高齢者・障害当事者だけでなく、すべての旅客の歩行負担を軽減するという観点から、動く歩道が旅客の主要な移動手段として設置された。

動く歩道は、エスカレーターの踏段（ステップ）を平らに連続させたものともいえる。装置としては、ベルトコンベアに類似しているが、人間用の輸送機器である。なお、動く歩道の型式には、エスカレーターの水平化ともいえる「パレット式」とベルトコンベア式の「ゴムベルト式」が存在する。大きな手荷物を持ち、使い方がハードなチェックイン前のエリアには「パレット式」、チェックイン後のエリアには「ゴムベルト式」を採用した。また、緩やかな傾斜をもたせることもできる。

写真2　アクセスプラザとターミナルビルの連絡路の傾斜型動く歩道。パレット式の動く歩道が1/15の勾配のある連絡路に併設された。歩道面には動きがわかるように部分的に着色が施されている（2005年1月、開港前の確認作業時の撮影）

■乗降部に水平部分を設ける

傾斜型の動く歩道を設置する場合には、乗り口と降り口の付近では傾斜をつけずに水平とし、さらに水平部分を長くとり、車いすのブレーキの操作に余裕がもてるようにした。

■くし部（コム）の改良

くし部（comb、コム）とは、乗降口において、踏板（人が乗る板の部分）上面のクリート（溝）と噛み合って異物、ゴミなどの機械室への侵入を防ぐものである。この部分は、踏板からランディングプレート（乗降口の床板のこと。表面には滑り止め加工が施されている）への移行部分である。これが、従来の製品では傾斜が大きく、とくに降り口で車いすの前輪キャスターが乗り越えられないという懸念がUD研究会から指摘され、段差を少なくした緩傾斜のくし部への改良がメーカーにより行われた。

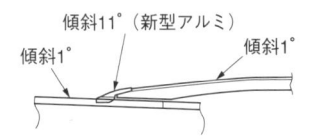

図　段差を少なくした緩傾斜のコム。よりスムーズな乗り降りをサポートするため、コムのすくい角を従来の34度から11度にして段差を軽減した

■速度は30m/分程度

動く歩道の駆動速度を高くすると処理能力は向上する。乗り降りの負担を考慮すると低速が望ましい。高速にすると、降り口で急に停止することになり、踏ん張りが利かない場合には慣性で身体が前に投げ出されるということもある。その適切な速度が分速30m程度であるとUD研究会で確認された。

■国内最大規格のS1600型（有効幅員約1,600mm）を導入

連絡路の動く歩道は、車いすと大型カートの安全な追い抜きが可能な幅員として歩道の有効幅1,600mmで設計された。立体駐車場連絡通路と高速船のりば連絡通路には、交通量から問題はないということで有効幅1,000mmの動く歩道が導入された。またターミナルビル内には有効幅1,400mmの動く歩道が設置された。

■動く歩道を利用できない場合の対応

動く歩道の利用が困難な旅客には空港従業員等による介助を提供する。また、旅客の歩行支援策として電動カートの導入が考えられたが、当面は導入を見合わせ、開港後の利用状況を見て空港会社が判断し、導入された（写真3）。

写真3　介助が必要な人には、空港内専用の電動カートにより移動の支援を実施している。開港後に導入された

動く歩道

プロセス

■傾斜型動く歩道の検証

UD研究会では、傾斜型動く歩道の利用検証を行い、車いす使用者、視覚障害者、歩行困難者等の歩行に支障があるかどうかを確認した。検証は、メーカー工場内の試作機（ゴムベルト式）を使用し、勾配を「水平」、「4度(1/14.3)」、「8度(1/7.12)」、「10度(1/5.67)」の4通りで試した。なお、アクセスプラザからターミナルビルへの連絡路の傾斜は約1/15で4度の場合と条件が近い。

水平と4度では速度を30m/分と40m/分で確認した。歩行困難者で乗り降り動作に支障が見られたが、試行を繰り返すうちに手すりを使用した姿勢保持がうまくできるようになった。他の体験者は支障なく乗降できた。また、4度の場合に、非常停止対応の実証をした。体験者に合図なしで動く歩道を非常停止させた場合の対応を確認するものである。移動手すりを持つなどの安定した姿勢にあれば支障はなかった。

8度、10度では速度を30m/分だけとしたが、歩行困難者では大きな支障があった。車いす使用者もブレーキの性能や掛け具合により危険な状況が生じた。また、カートやトランクを放置した場合も確認し、4度の場合では支障ないことが確認されたが、8度では非常停止時にカートが動き、危険だった。

よって、連絡路の勾配（約4度）での傾斜型動く歩道の安全性が確認できた。一方、これより急な勾配とすると何らかの支障が現れることが確認できた。

■コム等の乗降口部

コム等乗降口部分の傾斜緩和を追求した。主要動線にある傾斜型動く歩道での可否は、エレベーター経路がないこととも重なって移動制約者のアクセシビリティに大きく影響する。パレット型動く歩道を設置するメーカーでは、従来製品を改良し、よりスムーズな乗り降りをサポートするため、コムのすくい角を従来の34度を11度にして段差を軽減した。さらに、パレット面もコムとは逆の1度の傾斜をつけることにより、車いすのキャスターの動きをスムーズにできることがわかった。

また、ゴムベルト型動く歩道を設置するメーカーでは、乗降口とベルトの段差をゼロにした独自の機構（フラットコム）を開発した。

これらの新たに提案されたコムの検証は、それぞれのメーカーの工場で実施された。その結果、大きな支障は認められないと評価された。

■幅員

動く歩道の幅はできるだけ広いものがよい。そこで特注によるS1600型（これは手すりの幅が1,800mm程度のものを意味し、歩道部分の幅員は1,600mm程度となる）の導入を基本とした。この幅員では車いすとカートの2列並行が可能となる。なお、動く歩道上での追い越しが可能となるが、それを認めるか否かで議論が分かれた。追い越し時に動く歩道上で停止している車いす使用者や視覚障害者に対して支障となる状況の発生を懸念してのことである。その件はエスカレーターでも同様であり、積極的には追い越しを誘導しないこととした。

■固定手すりの設置

65ページで後述する、エスカレーターと同様の固定手すりを乗降口に設置することをUD研究会が提案した。

写真4　傾斜型動く歩道のメーカーでの検証風景

写真5　ゴムベルト式の動く歩道の場合は、コムの厚さを薄くすることができ、コム部分の段差はほぼ解消された（2005年1月、開港前の確認作業時）

写真6　コム部分が黄色の目立つ色に着色され、降り口のコムは完全にフラットのものから、少し出っ張りがあるものに変更となった。

写真7　ゆったりとした幅の傾斜型動く歩道

評価と検証

　エスカレーターと同様に、自らの責任で選択して利用したいという人には、利用できるようにすることを前提に必要な整備を検討した。固定手すりは、視覚障害者と歩行困難者の利用を支援する。

　設計側とメーカーの協動で行われたスムースなコムの開発と適用は、動く歩道のUDをめざしたもので、車いす使用者だけでなく、ベビーカー、荷物用カートにもスムースな移動環境をもたらしている。

　音声による案内は、日英2ヵ国語で行い、乗り口の位置を知らせ、また、利用者に対して降り口の接近の注意喚起となる（→96ページ、音サイン参照）。

　また、歩道面の動きが視認できるように、それらの一部を着色することが課題として残った。パレット式のものは当初から着色されたが、ゴムベルト式のものは開港後に着色が実現した（→81、84ページ、色彩参照）。

　開港後、水平な動く歩道の降り口にて、スカートの裾等の巻込み事故が発生したため、メーカーと協議してコムの形状を変更した。UDと安全性の両立が求められるという教訓が残った。

写真8　運転方向を示すための塗装

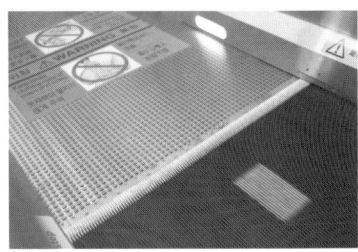

写真9　形状を変更した降り口のコム

動く歩道

対象	評価
車いす使用者（手動）	○　スムースなコムの採用
車いす使用者（電動）	○　スムースなコムの採用
杖使用者	○　固定手すりによる誘導 △　傾斜型は利用困難な人もいる
視覚障害者（全盲）	○　音声案内、固定手すりによる誘導
視覚障害者（ロービジョン）	○　音声案内、固定手すりによる誘導 △　歩道面の動きの把握困難（開港後改善）
聴覚障害者	○　視覚的サインによる誘導
子ども連れ	○　スムースなコムの採用、ベビーカーも利用可
外国人	○　英語による音声案内 ×　英語以外の言語に非対応
すべての人	○　荷物用カートのままの利用可能

（磯部友彦）

エスカレーター

| コンセプト | 視覚障害者の利用を選択可能に |

　移動動線に段差がある場合はできるだけ緩やかなスロープとしたり、動く歩道を設置したりすることと、階層間移動にはエレベーターを使用することを基本と考えたために、エスカレーターは補完的な位置づけとなった。なお設置する場合には、上り・下りの両方を設置すること、省エネのために、利用者がいないときは作動を停止することとした。

　公共交通の移動円滑化基準では、視覚障害者用誘導ブロックの線状ブロックによるエスカレーターへの誘導はしておらず、乗降口に点状ブロックを敷設して注意を促すだけである。一方、階段とエレベーターには通路の一部として線状ブロックによる誘導が図られている。このことは、視覚障害者に対してエスカレーターの利用を積極的には進めていないことを示す。エスカレーターは動く方向がさまざまで、行き先がわかりづらく、視覚障害者には不向きとみなされていることによる。

　しかし、「公共交通機関移動円滑化ガイドライン追補版」(交通エコロジー・モビリティ財団発行、2002年12月) では、音による移動支援方策が示されており、上下方向や行き先の案内を適切に行うことにより、視覚障害者にも安全で便利な移動方法を提供できることが紹介されている。

　そこで、中部国際空港のエスカレーターでも音による案内と固定手すりの設置により、視覚障害者自身の判断で利用するか否かを選択できるよう計画された。

デザイン

■カートの利用禁止

カートが積極的に利用できることを空港全体のコンセプトとしているが、エスカレーターに限っては、事故の危険性（登載された荷物が落下するなど）が低くないために、カートの利用は禁止する方針が設計案で決められた。カートもエスカレーター対応仕様になっていない。ベビーカーも同様な扱いである。

そのための禁止措置を図らなければならないことから、施工段階でのUD研究会の詳細な検証結果により判断され、乗り口側のみにカート止めが設置された（→87ページ、照明「発見しやすくする照明」参照）。

写真1　カート止め。乗り口側のみに設置された

■固定手すりの設置

視覚障害者や歩行困難者（松葉杖などを使用して単独歩行が可能な人）などに対し、エスカレーターに乗り込む前と、降りた後の移動支援のために固定手すりを設置する。視覚障害者に対しては、いきなりエスカレーターの移動手すり（回転ベルト）やステップに接するのではなく、まず、固定手すりで位置を確認し、音声案内で上下方向を確認、さらに、移動手すりの位置確認を行う。歩行困難者に対しては、静止している床から動くステップへの移乗の際に生じる、身体の重心移動の不安定さを解消するために身体を支えるという役割を果たす。いずれもエスカレーターから降りるときにも有効である。

固定手すりは以下の寸法で施工された。
- 幅と高さは移動手すりと同一
- 固定手すりと移動手すりとの間は50mm離す（メーカーの知見）
- 移動手すり側の手すり端部の形状は、固定部と可動部の間にものが挟まることや引っ掛かることを避けるため、乗り口では切放し、降り口ではR形状

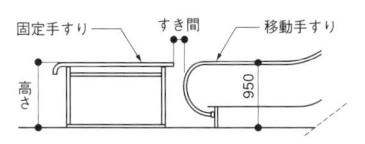

図　固定手すりの検討。高さ、移動手すりとのすき間の幅、手すり端部の形状は視覚障害者と歩行困難者（松葉杖使用者）による検証を通じて決定された

■音による案内

自動発停ポスト（光電ポールともいう。利用者がいるときに自動的に駆動させるための人感センサーを収納し、進入の可否を示すサインを設置のために動く歩道とエスカレーターの乗り口と降り口に設置）の中に、進行方向に向けて聞き取りやすい音質のスピーカーを設置する。音量は騒音とならないように乗り口に近付くと聞こえる程度とした（→96ページ、音サイン参照）。

乗り口だけで音声案内をし、降り口では（降り口が近づいているなどの）音声案内しない。これは、上り方向と下り方向の機器を併設する場合が多いので、音を干渉させないためである。ただし、利用者がいないときの停止状態に、誤って逆進入した場合にはブザーが鳴り、短時間ステップが動くことで注意を喚起する。使用言語は日本語と英語とされた。

なお、固定手すりと音声案内は動く歩道に設置されるものとの共通性を図っている。

エスカレーター

プロセス

■カート止めの設置

　エスカレーターでカートを利用させないことへの対応策を検討していった。カートをエスカレーターに乗せることは、他の空港などでは見られることもある。しかし、カートから荷物がこぼれて事故となることも多い。計画案では垂直移動には、スロープ、動く歩道、エレベーターが完備しており、いずれもカートの使用ができるので、エスカレーターではカートの使用を禁止することとなった。これの実効性を高めるために物理的に進入を阻止することの是非がUD研究会で議論された。

　物理的にエスカレーターに進入できない構造物（柵、ポール等）を設置することが設計案で検討されたが、視覚障害者（全盲、ロービジョン共）から反対意見が出された。そこで、エスカレーターでのカート利用はできないことの注意看板を設置することとし、ただし、供用後、無理な利用をする人が出た場合は、カート対策防護策の設置を検討するという方針で一度は決着した。

　しかし、カート止めが視覚障害者には認識しづらく、歩行の迷惑になる問題を踏まえながら、怪我につながる事故を防止すること、安全確保を優先し、乗り口のみに設置することが再度調整された。カート止めの位置、色、形状、高さ、そこに表示するサイン類などがUD研究会で慎重に協議された。焦点は、ロービジョン者による視認性であった。ステンレスの金属色のままでは、周囲の映り込みによりその存在が認識しづらくなるので、映り込みのない色（つや消し）が採用された。また、カート防止柵にカート進入禁止がわかるようなサイン表示（LED）について、図案のわかりやすさ、視認性などを検証した。結果としてはLEDによる発光ではサインの内容が不明瞭であり、サインとして識別もしづらいことから、採用せず、頂部に照明を設けることになった。また、カート類使用禁止のサインも見やすく工夫された（写真2）。

写真2　カート止めの視認性向上

■視覚障害者と歩行困難者との固定手すり検証

　モックアップによる固定手すりの有効性と寸法等の検討がUD研究会の実証により確認された。既存のエスカレーターを利用して固定手すりの実物大モックアップが施工者側で製作され、それをエスカレーターの乗り口や降り口に設置し、視覚障害者と歩行困難者を被験者として検証を行った。固定手すりの高さ、移動手すりと固定手すりの幅の関係、隔離の度合い、手すり端部の形状を変えて、確認作業を進めた（写真3）。

　するとほかの点は大差なかったものの、固定手すりの高さで意見が分かれた。視覚障害者は移動手すりより100mm程低いことを希望したが、歩行困難者は移動手すりと同じ高さがよいという意見であった。検証後ただちに被験者とともに議論をしたところ、歩行困難者にとって固定手すりが低いと身体の安定が保たれないことと、視覚障害者側の希望は調整可能であることがわかった。全体としての結論は、[デザイン]に記したとおりである。障害者間の調整を経て、支援の必要な人にに合わせることができた。

写真3　検証の様子

■音による案内の検証について

　音による案内の検証は動く歩道と共通で、メーカー2社を交えてなされた。検証結果から、乗り口のスピーカーの取付け位置は進行方向に向かって左側の自動発停ポスト内に収納すること、スピーカーの向きは正面とすること、基準音量はスピーカーから1mのところで76〜82デシベル程度、放送内容の間隔は1秒程度が望ましいとわかった（→96ページ、音サイン参照）。

評価と検証

　エスカレーターを、自らの責任で選択して利用したいという人には利用できるようにすることを前提に必要な整備を検討した。これまでは視覚障害者のエスカレーター利用を検討してこなかった状況を反省し、また、実際にエスカレーターを頻繁に利用する視覚障害者もいることを踏まえて、適切な情報提供や案内誘導をすることにより、安全に利用できる環境を整えることを検討した。

　また、動く歩道もエスカレーターと同じ課題をもっていたので、情報提供や案内誘導の方法を両者で共通化することも検討した。つまり、水平移動と斜め移動との違いはあるが進行方向の情報提供、固定手すりによる案内などの共通した内容の設備である。

　結果として、エスカレーターや動く歩道の位置が誰にでも容易に把握しやすい統一感のある移動システムが完成した。

　なお、カート止めが通行の支障となることは視覚障害者だけでない。カート止めが眼前にあると進入禁止と錯誤し、逆行側に足を踏み入れる可能性もある。事故の未然防止と通行の円滑化とのバランスは今後とも検討すべき課題である。

エスカレーター

対象	評価
車いす使用者(手動)	―
車いす使用者(電動)	―
杖使用者	○　固定手すりによる誘導
視覚障害者(全盲)	○　固定手すりによる誘導、音声案内 △　カート進入防止策
視覚障害者(ロービジョン)	○　音声案内、平衡機能の低い人に固定手すり △　カート進入防止策
聴覚障害者	○　サインによる上り下りの区別 △　省エネのための作動停止中における上り下りの方向の誤認
子ども連れ	―
外国人	○　サインによる上り下りの区別
すべての人	―

（磯部友彦）

UDをつくるキーワード────8

技術者魂

　技術者とは、基礎となる学問や知識をしっかりと学習し、それに基づいた具体的なものづくりや、プロセスやシステムの開発を行うことにより、社会貢献を果たしていく人々である。自分が関与してつくり上げた「もの」に対してつねに責任をもつ。もし欠陥があればただちにそれを是正し、さらによりよいものへの改善策を検討していく。

　また、技術とは長年の試行錯誤と実績の積み重ねにより確実なものとなっていく。よって、アイデア段階で優れた技術であっても、実用段階で成功を収めるためには、数多くの試練を経る必要がある。

　市場に出てきた技術とそれに基づく製品とはそのようなものであるはずであるが、万人を満足させる技術の実現は難しい。UDに関していえば、ある程度の水準を満たして、「これがUDだ」と技術者が自信を持って技術提供することは必要であるが、その技術が利用者の満足に至らないこともあることを承知しなければならない。所属会社や業界による長年の試練と経験に基づいて完成した技術であったり、基準化・標準化された技術であったりしても、さらに技術の向上を目指して、改善策を検討する心構えが技術者に必要である。

　中部国際空港の現場において、従来の技術基準や標準仕様に対して障害当事者が満足しない場面も見られた。担当技術者たちは、その状況を乗り越えて、さらによいものづくりをめざしてそれを完成させた。エレベーターの「満員」表示の例でいえば（→110ページ参照）、満員時に扉が閉じない状況をブザーなどの音により案内することが標準仕様だった。しかし、聴覚障害者が乗り込むとこのブザー音が伝わらない。これを解決するために、地震や火災の発生を知らせる緊急情報提供方法を応用して、「目に見える満員サイン」の追加がメーカーの担当技術者から提案された。UD研究会で利用者の要求や不満の声を担当技術者が直接聞いたことにより、技術者のもつ豊富な知識・経験・倫理観（これを技術者魂と呼びたい）が揺り動かされ、問題解決に向けた技術提案がなされたのである。

　中部国際空港ではこのような技術者魂が結集して空港全体のUDを実現させたといえる。UDの実現には技術者魂の躍動が必要なのである。　　　　　　（磯部友彦）

2章　ユニバーサルデザイン・ディテール

2　情報提供

サイン	70
視覚障害者誘導用ブロックと触知案内図	74
色彩	80
照明	86
FIS（フライト・インフォメーション・システム）	90
音サイン	96
昇降設備の操作盤	102
緊急情報提供	108
事前情報提供	112

サイン

| コンセプト | 発見しやすさ、読みやすさ |

　空港は広く大きいことに加えて、場所ごとに機能が分化している。そのため、初めて利用する人や利用に不慣れな人にとってはわかりにくい施設であり、場所を間違えると時間や移動の負担が大きくなりやすい。それだけに空間や設備の見通しのよさも大切な検討点だが、サインはとても重要な役割を果たしている。

　しかし、UD研究会で既存の国内空港を検討したところ、設置位置や高さ、表示方法等から、発見しにくいだとか、わかりにくいサインが多く報告された。国内空港の整備課題として、白内障傾向の人に対応していないとの紹介もあった。

　サインについてUD研究会のアプローチは、ロービジョン者（ものの見にくい人）にも発見しやすく、わかりやすいサインを追求することにより、晴眼者や空港に不慣れな人にも同様の効果が期待されると考えたことが特徴であった。

写真1　低めに設置され、読みやすい案内誘導サイン

写真2　発見しやすいトイレサイン

デザイン

■見やすい色彩・フォント・ピクトデザイン

計画案では誘導サインやトイレのサイン等施設サインは、サインの種類によって濃い色で色分けされた盤面に、文字・ピクトグラムを白抜きし、内部に照明を入れ、盤面と文字のコントラストを高めて読みやすくした。

文字の種類は縦横の線がほぼ等しいゴシック系とし、見やすさに配慮している（先行研究によりロービジョン者は、明朝系よりゴシック系が読みやすいとする人が多いとされている）。また、文字やピクトグラムが一目で読みやすいように、線の太さ、それぞれの線の間隔等も十分に配慮されている。

写真3　盤面と文字のコントラストを高め、読みやすさを向上させたサイン

■矢印の方角表示の方法

計画案では方向を示す矢印は、斜めに矢印を出したり、Uターンを示すような矢印はわかりにくいため、直感的にイメージできる「←」「↑」「→」で示すことを原則としている。

■低めに設置

従来の空港をはじめ公共交通施設では、多くの人に情報提供を行う必要があるという理由から高所に設置されている場合が多い。そのためにロービジョン者には、サインの所在がわからないとか、表示内容が読めなくなっている（高い位置で盤面の大きさに余裕がある場合、表示文字等を大きくする方法は解決策の1つである）。

中部国際空港では、サインの見通しのよさと合わせて、ロービジョン者が少しでも読みやすくなるよう、全体的に低めにサインを設置している。

写真4　矢印の種類を減らす

■提供する情報のヒエラルキー（階層性）と設置高さ

出発、到着、公共交通への誘導に関する情報は、空港を利用する上で重要な情報のため、多くの人に伝える必要がある。このような情報は上部で大きく掲示する一方、時刻表等の情報は近づいてじっくり読めるように低い位置に設置している。

このように情報のヒエラルキーによって設置する高さ、表示方法を変え、より多くの人が利用しやすいように配慮された。

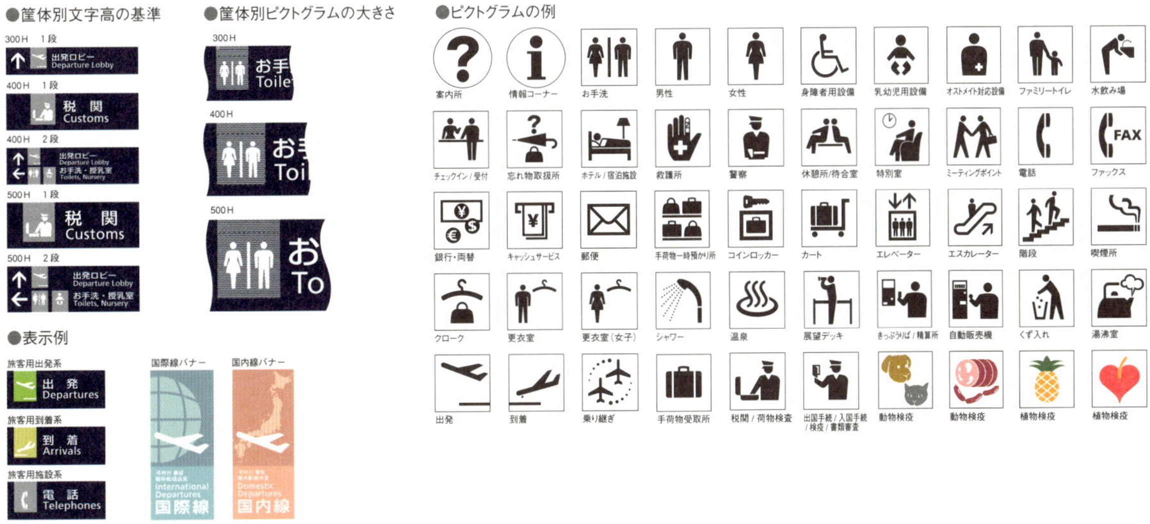

写真5　低めに設置された天井吊り下げ式サイン

●筐体別文字高の基準
●筐体別ピクトグラムの大きさ
●ピクトグラムの例
●表示例

図　使用サインの例

2　情報提供

サイン

プロセス

■モックアップの検証、工程との調整

　基本設計段階では、情報障害者と呼ばれる聴覚障害者・視覚障害者にも情報共有できる案内設備について、聴覚障害者、視覚障害者を中心とした要望を実施設計で検討することを協議結果とした。サイン等は、実施設計や施工中の確認等を実施する予定とした。

　実施設計段階では施工工程に合わせてサイン計画の検討を進めるとして、検討を先送りすることになった。サインは、施工段階で現場にてモックアップ等での検証を行う予定とした。この間にUD研究会では、聴覚障害者と視覚障害者を中心に要望をまとめていった。

　施工段階に入った2002年9月、サンプルの確認を会議室内で行い、仕様が調整された。しかし模擬的な空間ではなく、実際の現場での確認作業はその後も工程の都合がつかずにサイン工事が進められたので、試作を見ての仕様協議1回のみにとどまった。

　UD研究会による開港前の施工確認作業では、掲示高さ、読みやすさについて、おおむね好評であった。しかしそのなかで、一部設置不足や表現の混乱などの指摘があり、それらは可能な限り、必要なものは開港までに手直しがされた。

■壁面設置の板サイン

　サインは設置する場所の状況、たとえば壁面とサインの盤面とのコントラストを確保することでサインが発見しやすくなり、盤面とその中に表記されている文字やピクトグラムとのコントラストが高いと表記内容が読みやすくなる。このように2段階のコントラストを確保することで、発見しやすさと、読みやすさの両立が可能となる。UD研究会ではこのようなデザインを提案し、同様の考え方はエレベーターのホールボタンまわりのデザインにも活かされた。ただし、写真6のように残念ながら一部では実現されなかったところもある。

写真6　男女の図柄と白い地のコントラストが低く、発見しにくいサイン

評価と検証

■サインの追加

　開港後、空港会社内の意見および来港者の声を反映し、空港会社は到着出口などでサインを追加した（写真7）。トイレサインの壁突出し型のものなどに着色が施された（写真8、9）ほか、トイレまでの距離を細かく表記したサイン（写真10）が既存のサインに追加するような形で取り付けられている。来港者からの要望や問い合わせが多かったものが反映されている。

　2006年10月、ターミナルビルからアクセスプラザに入ったところの床面に、案内表示が追加された（写真11）。アクセスプラザの天井が高く、急に視界が広がることで既存のサインを見つけにくくなっていることへの対応である。

　また、2007年3月、国際線出発ゲートラウンジを中心に、一部重なって見えなくなっているサイン（写真12）が、大型のサインにひとまとめにして整理され（写真13）、表示方法も工夫した（写真14）。そのほか、サインについてはひきつづき改良が続いている。

　さて、トイレサインの男女色分けは、UD研究会の協議過程で聴覚障害者メンバーによって視覚的なわかりやすさという観点から提起されたが、サイン計画の設計案の統一

写真7　追加されたサイン、到着出口（仮設時）

写真8　色が施された乗継ぎ案内

感を尊重してモノトーンな計画のままとして承認した。この判断には、ジェンダーの観点で色づかいに慎重な判断をしたことも加わっていた。視覚情報を大切にしたい人の意向と、男女のイメージを固定したくない意向との調整機会までは設けることができずに終わったが、UDを考える1つのきっかけになるだろう。

また床面へのサイン表示についても、JR等に事例があってわかりやすいということで聴覚障害者メンバーから繰り返し要望されたが、サイン計画には採用されなかった。空間が広く、動線が多様であること、JRで行われていることへの抵抗が設計者側から説明された。

施設運用後の改善に反映されたという評価ができる一方で、それらがあらかじめ組み込めるようデザインするという課題もあるといえる。

サイン　　　　　　　　　　　　　　　　　　（使用開始直前の検証時の評価を記す）

対象	評価
車いす使用者（手動）	○　サイン設置位置の低さ
車いす使用者（電動）	○　サイン設置位置の低さ
杖使用者	―
視覚障害者（全盲）	―
視覚障害者（ロービジョン）	○　サインの内部照明、文字の見やすさ
聴覚障害者	○　視覚による情報提供の充実 △　数が多いともっとよい
子ども連れ	○
外国人	―
すべての人	△　手荷物受取所から到着ロビーに出たところ等一部でサインが不足

（原 利明・森崎康宣）

写真9　トイレサインの変更（→写真2参照）

写真10　トイレ距離を表示　　写真11　アクセスプラザの床の表示

写真12　改修前

写真13　ひとまとめにして改修

写真14　表示情報の追加

2　情報提供

視覚障害者誘導用ブロックと触知案内図

| コンセプト | たどりやすく、発見しやすく |

　中部国際空港では、連続した視覚障害者誘導用ブロック（線状の誘導ブロックと、点状の警告ブロック）により誘導する範囲を、誘導が必要な最小の区間としたのが特徴である。空港以外の交通施設と同様に、視覚障害者が単独で移動可能と考えられる場所を誘導する一方、大空間になるとか、目標物が多くなり単独での移動が困難になる区域は、係員が誘導する計画とした。これにより晴眼の歩行者、カート利用者、車いす使用者等が視覚障害者誘導用ブロック上を通ることが少なくなることも考慮した。

　警告ブロックは、さまざまな地域からの利用者を考慮して、最も敷設指定が多い規定に従った。そして、全盲者には明快な経路を提供し、ロービジョン者にはブロックが発見しやすいことを目標とした。

　なお、とくに中部国際空港から航空機に乗ろうとする人が、サポートを受けられる案内カウンターまで単独で到達できるよう、視覚障害者誘導用ブロック経路などの情報が利用できる整備と一体のものと考えた。

　また、視覚に障害のある人にとって、わかりやすい地図（触知案内図）を視覚障害者誘導用ブロックで連続誘導する案内カウンター内に配置した（写真1）。係員の説明を受けながら案内板を触れる利用しやすさを目標とした。

写真1　1階案内カウンターに設置された誘導用ブロックと触知案内板

デザイン

■ **必要なサポートと連携させ、範囲を限定——視覚障害者誘導用ブロック**

連続した視覚障害者誘導用ブロックは、空港アクセス交通機関から最寄りの案内カウンターの間に敷設した。したがって1階のバス・タクシー降車場と1階案内カウンターの間、アクセスプラザ2階案内カウンターと各交通機関の間に限定されている。

このように範囲を限定したのは、航空旅客については、案内カウンターから航空機までの間は、必要であれば係員によるサポートを提供するという計画を前提に置いたことによる。なお、旅客ではない視覚障害者は、空港まで介助者を同行するか否かを、本人の判断で選択することが自然な行動と考えた。

敷設経路は、設計図面についてUD研究会視覚障害者整備対応分科会が修正提案を行い、次のような要旨が反映されている。

- 必要な箇所を誘導する
- 理解しやすく、説明しやすい経路
- 分岐を少なくする
- 1つの目的物に複数の経路は設けない
- 同行者が期待できる経路には敷設しない
- 利用者が少ない経路は設けない
- ロービジョン者の方向取りに支障がないと想定された範囲では、一部不連続もやむを得ない

そのうち、警告ブロックは、高低差のある場所の始終端(階段とスロープ、エスカレーター)、エレベーター呼びボタン、トイレ触知案内図、小便器(手すり付きの隣)に設けた(写真2〜4)。とくに大階段の上端では2列に設置した(→83ページ、色彩、写真13参照)。

ブロックを視認しやすいように床材とのコントラストを重視した。施工前の製品選択時に確認したもので、輝度比は2.3〜3.5の組み合わせであった。

■ **すべての案内カウンターに触知案内図**

視覚障害者誘導用ブロックで誘導している案内カウンターは、空港アクセス交通機関に最寄りの2ヵ所である。それ以外の3ヵ所を含めて、すべての案内カウンターに触知案内図を設け、フロアの概略を示している(→74ページ、写真1)。

男女トイレ手前の通路で、男女別の色をつけて、トイレ内部の見取り図を触知案内図に示している。なお、ロビー側では男女別と多目的トイレの配置を示している(写真6)。

写真2　エレベーターホールボタン手前の警告ブロック

写真3　階段での警告ブロック

写真4　トイレ触知案内図手前の警告ブロック

写真5　1階正面出入口前、一部不連続にした誘導ブロック

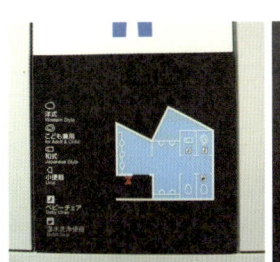

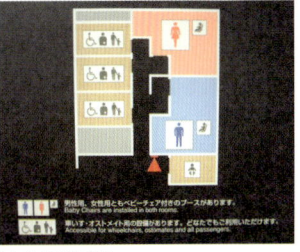

写真6　トイレ前の触知案内図とロビー側でのトイレ配置案内図

視覚障害者誘導用ブロックと触知案内図

プロセス

■視覚障害者誘導用ブロックの修正提案

敷設経路の具体的な検討は、視覚障害者対応整備分科会に参加する3人の全盲者により継続して検討された。

設計側から渡される各段階での図面を、UD研究会事務局は3人の分科会員が同時に検討できるよう3組の簡易な触知図として作成した（写真7～12）。

①必要な箇所を誘導する

3階出発ロビーの案内カウンターまで誘導することの是非は最大の検討点であった。係員によるサポートの提供、経路を複雑にしないこと、晴眼者への影響を抑えることから現計画の決定は分科会ではまとまらず、研究会の場で行った。この決定のなかで係員によるサポートの提供は大きな役割を担うことになった（→79ページ、コラム9参照）。

アクセスプラザの案内カウンター設計が定まらず、具体的な誘導目標と経路が固定しないなかでの検討は分科会員を混乱させた。2002年11月時点での作業触知図（→77ページ、写真10）は、将来来港者数が増えたときの案内カウンター位置として提供された資料に基づいて作成されたものである。

②理解しやすく、説明しやすい経路

具体的には、続く③④を形にすることになるが、来港前に視覚障害者誘導用ブロック経路の概要や所在情報を知ることによってこそ、目的地に至ることや、目標設備の所在を知ることができる。そのために提供される情報が単純になるよう経路設定することを重視した。また、写真8では、トイレを誘導する計画であったが、空港内でアクセスプラザ2階だけとなる特殊な敷き方をしないようにも求めた。

③分岐を少なくする

写真8、9、11で検討経緯がわかる。以下、⑦までの経路を設けないことも支線をなくす方向の検討であった。

④1つの目的物に複数の経路は設けない

とくに案内カウンターへの経路が単純になるようにした。アクセスプラザを周回する経路は、図面としての美しさはあろうが、実用的ではないと考えた。

⑤同行者が期待できる経路には敷設しない

1階バス・タクシー降車場内に設ける障害者用停車スペース、アクセスプラザ2階からの団体バスのりばへの経路は設計案から削除を求めた。

⑥利用者が少ない経路は設けない

鉄道と海上アクセスを結ぶ経路、休憩所への案内は削除を求めた。

⑦ロービジョン者の方向取りに支障がないだろう範囲で、一部不連続にする

1階バス・タクシー降車場と一般車降車場間の横断歩道を単独で利用する可能性があるのは全盲者ではなく、ロービジョン者だけと考え、1階バス・タクシー降車場のブロック経路を単純にするために連続した誘導にしないことを求めた。不連続の区間は3mであり、ブロックの存在が視認できると期待され、出入口のガイドチャイムにより方向取りは困難ではないと考えられた。

色のコントラストについては、輝度比の数値を確認し、大きなロビー空間で使用する床材とブロックの候補製品を、2人の分科会参加者（ロービジョン者、弱視者）が確認をした。

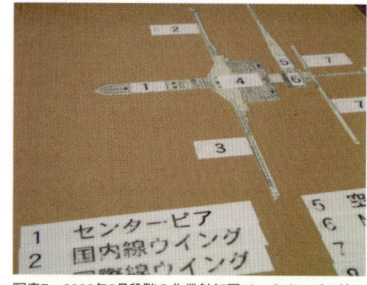

写真7　2002年5月段階の作業触知図：ターミナルビル等の全体図（文字部分に点字）

写真8　同：アクセスプラザ。赤色ラインが視覚障害者誘導用ブロック敷設箇所

■触知案内図の整理

　実施設計段階では、サインに併設する触知案内図が数多くあった。しかし、誘導されない場所に触知案内図を設けても実用的ではないというUD研究会の検討により、設置数を減らし、視覚障害者誘導用ブロックの計画に合わせて案内カウンターまたはその付近に触知案内図を設けることとした。触知しながら係員の案内を受けることが最良であり、ブロックの構成も単純にできるので、その方向での運用調整には時間がかけられた。

　トイレ入口付近に内部を案内する触知図を設置しているが、UD研究会は、これを不要と提案していた。理由としては、トイレまでを連続誘導しないこと、係員等による案内を受けている場所であること、分科会の全盲者メンバーは那覇、高知、有明佐賀空港（当時、触知案内図があると紹介されていた空港で、トイレ内部を案内していたところ）のものを有効な情報として利用できなかったことであった。むしろ、異性で、ロービジョン者が同行した場合に対応できる案内図とすることを提案していた。

　フロア案内の盤面の仕様については、分科会の全盲者メンバーの過去の経験に加えて、関西空港を加えた4空港で実際に触知をした結果を反映して検討した。また、ロービジョン者にも情報が提供できる検討を分科会で重ねた。しかし、製作過程での協議機会は、トイレ触知案内図の試作品を1回点検したのみでであった。

　触知情報の提供については、固定式のものだけでなく、携帯できる紙素材が有効であることも検討されたが、製作される見通しが立たず検討半ばに終わった（→94ページ、コラム11参照）。

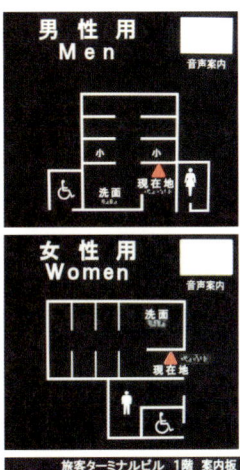

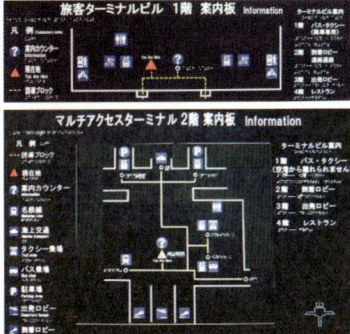

写真13　UD研究会での検討図

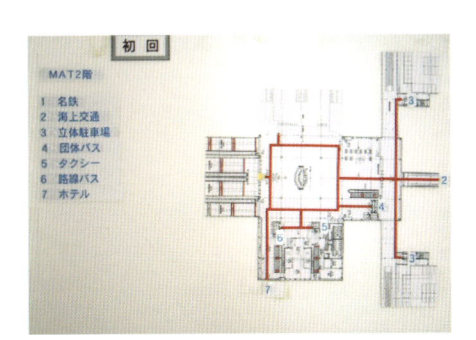

写真9　2002年11月段階の作業触知図：アクセスプラザ

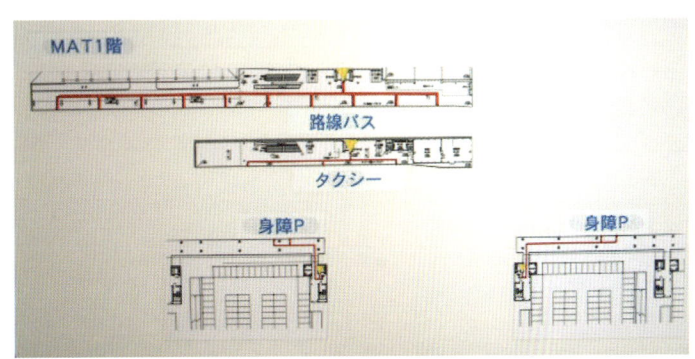

写真10　2002年11月段階の作業触知図：バスとタクシー乗り場、ピックアップゾーン

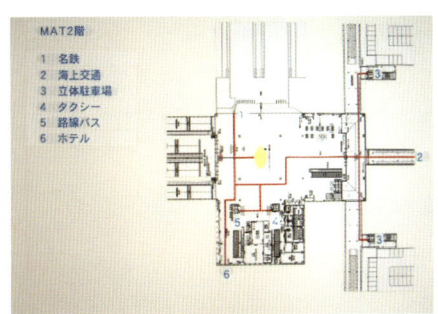

写真11　2003年7月段階の作業触知図：アクセスプラザ

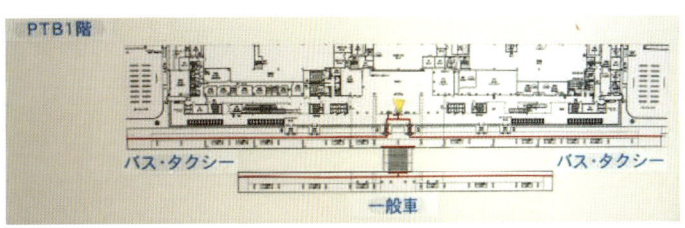

写真12　2003年7月段階の作業触知図：バス・タクシー降車場、一般車降車場

視覚障害者誘導用ブロックと触知案内図

評価と検証

視覚障害者誘導用ブロック　　（使用開始直前の検証時の評価を記す）

対象	評価
車いす使用者（手動）	
車いす使用者（電動）	○ ブロックの視認性がおおむねよいので、気づかずにつまずく等の危険は抑えられている
杖使用者	
視覚障害者（全盲）	○
視覚障害者（ロービジョン）	△ おおむねよいのだが、一部に床とのコントラストが不十分なところがある
聴覚障害者	
子ども連れ	○ ブロックの視認性がおおむねよいので、気づかずにつまずく等の危険は抑えられている
外国人	
すべての人	

触知案内図　　（使用開始直前の検証時の評価を記す）

対象	評価
車いす使用者（手動）	
車いす使用者（電動）	○ 案内カウンターで、場所や経路の説明を受けながら、略図として利用できる
杖使用者	
視覚障害者（全盲）	○ 案内説明を聞きながら、触わる実用上は問題がないと見受けられる（当事者へは未確認）。
視覚障害者（ロービジョン）	△ 案内カウンターのものは、図と地のコントラストが不足。トイレでは凡例部分は明瞭だが、内部配置の部分でコントラスト不足
聴覚障害者	
子ども連れ	○ 案内カウンターで、場所や経路の説明を受けながら、略図として利用できる
外国人	
すべての人	

（森崎康宣・原 利明）

UDをつくるキーワード──9

視覚障害者への情報保障

　視覚と聴覚の障害者は、情報障害者とも呼称される。空間や状況を把握する情報を得られないために不便をきたすことが多い。よって空港に限らず、どんな場所でも情報障害者に情報を届けることは求められている。UD研究会の協議場面そのものも例外ではなかった。

　視覚障害者が知恵を集めた分科会では、パソコンとインターネット環境により検討内容の文字・視覚情報が届けられることによって、各人の手元で音声環境と視覚環境を展開させることができた。今回の研究会活動はこのような情報環境が急速に普及したこと抜きには成立しなかっただろう。

　しかし、検討が図面や模型で行われると、情報は伝達しづらくなる。説明する人の「ここ」「その右」という言葉も理解しにくい。そこで図面から空間のイメージを言葉で伝え直すことは研究会事務局の作業であった。筆者自身、建築の素人であり、どこまで適切に説明できたかは心もとないが、現地に赴く時間を惜しまないこと、簡易な触知案内図をつくったことにも尽力した。そうしたことで初めてどこに何があるのか、どうつながっているのかイメージできたとの声を聞いた。課題を共有できてこそ、長期間の検討作業が継続できたといえるだろう。

　ただ、聴覚障害者のメンバーとも同様の努力はしたが、共有できた情報と思いには、違いもあった。ご本人達から届いたメッセージが何より大切であり、次の機会に活かすべき視点である（→107ページ、UDをつくるキーワード15「聴覚障害者への情報保障」も参照ください）。

（森崎康宣）

色彩

コンセプト　錯覚を誘発するデザインを排除した、情報としてのデザイン

　中部国際空港では、旅客ターミナルビル全体が「和」をイメージする色で計画され、随所に工夫がある。その全体の計画を尊重しながら、よりよい色づかいや誤認を避けるための色づかいについて、ロービジョン者の観点を活かした提言をすることがUD研究会の役割であった。

　ロービジョン者は、低い視力や視野欠損等により十分な視覚情報を得ることができないため、デザインによっては錯覚や誤認を誘発する可能性があり、なかには危険につながるデザインもある。しかし一方で「色彩」をうまく活用することで視認性を向上させ、空間をわかりやすくし、事物を発見しやすくすることが可能である。

　ここでは「色」を単に空間を演出するものとするだけでなく、誘導を暗示させたり、危険や注意喚起の手がかりとして「情報」が提供できるデザインを試みた。

写真1　出発ゲートラウンジ

写真2　進行方向に沿ってラインをひいた床デザイン。障害物の手前や、ラインを横切る可能性の高い部分ではラインを切って注意喚起する

デザイン

■誘導を暗示させる床デザイン
　設計側との協議により、幅100mmで1,200mmピッチの床のラインが歩行の際のガイドになるように工夫をしている。ただし、ラインを横切って歩行する時にラインが階段や段差に錯覚・誤認される可能性があるため、横切る可能性の高い出入口や交差点部分等では、このデザインを中止し、さらにその他の部分でも細かく分節することで錯覚や誤認を回避しようとしている。また、このラインを歩行のガイドに利用しても安全に歩行できるように障害物の手前でラインを切る仕組みとしている（→80ページ、写真2）。

■エッジを強調し、空間の形状をわかりやすくするデザイン
　設計案では、床と壁の際や、昇降機や階段が並ぶゾーンに、コントラストの高い、そのエリアのポイントカラーを置くことで、空間の形状がわかりやすいデザインとしている。この設計原案は、視覚的な空間のわかりやすさに合致するものであり、UD研究会からはゾーニングについて若干の修正提案を行い調整された（図1）。

■発見しやすいトイレ
　衛生陶器の周囲の壁や床等と、衛生陶器との色のコントラストを高めることで衛生陶器を発見しやすくしている。大便器ブースの扉や扉の鍵、引き手、洗浄ボタンなども同様に、周囲とコントラストを確保し、扉の視認性を高め発見しやすくしている（写真3、4）。

■動く歩道のパレットの塗装
　パレット式の動く歩道で、可動部分のパレットの一部を緑色に塗装して運転方向をわかりやすくしている。緑色パレットは、アクセスプラザ連絡通路の動く歩道では10枚おきに2枚、その他の箇所では5枚おきに1枚であり、いずれも2mおきに400mmの長さの緑色部分が現れる（写真5）。また昇降口で可動部分と固定部分をわかりやすくするため、固定端稼働部の境目のくし型の「コム」といわれる部分を、周囲とコントラストの高い黄色としている。

■エレベーターシャフトの視認性
　エレベーターシャフトは、設計側のねらいとする和のデザインの展開として、和紙を挟み込んだように見えるガラス壁により構成された。これはロービジョン者を含めてエレベーターの所在をわかりやすく伝え、透明ガラスで懸念されるガラス壁への衝突防止にも役立つと考えられた（写真6）。壁や扉の透明性を高めるかどうかは賛否の分かれる問題である。

写真3　視認性を高めた色づかい

写真4　視認性を高めた色づかい

写真5　運転方向がわかりやすい動く歩道（アクセスプラザからターミナル2階方向）

写真6　ロービジョン者にも発見しやすく工夫されたエレベーター

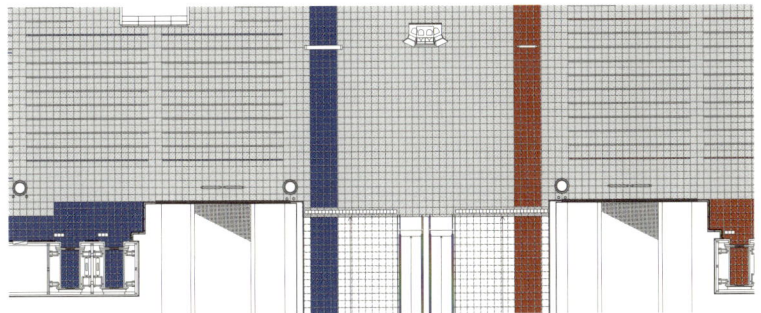

図1　出発ロビーの床パターン。アクセントカラーとして国際線側エリアを藍色、国内線側エリアを弁柄色にした

図2　アクセスプラザ案内カウンター周辺の床のデザイン

色彩

> プロセス

■床のデザインの検討——類似事例での検証

　設計側より図3、4のような床のデザインがUD研究会に提示された。しかし、ロービジョン者にとっては、錯覚や誤認を誘発する可能性があるデザインであった。
　このデザインはすでに空港会社への提案が行われた後であることから、デザインのコンセプトを最大限尊重し、いかに錯覚や誤認を起こしにくいデザインとするかがUD研究会のテーマだった。
　名古屋駅周辺で類似する床のデザインを事務局が探し出し、ロービジョン者6人により、床のデザインによる錯覚や誤認の有無について設計者も同伴して検証を行った。検討の結果は表のとおりである。凹凸や段差などに見える錯覚や誤認を誘発するデザインであることが確認できた。
　制限エリアは、タイルカーペット仕上げであり、通路部分は、さまざまな色のカーペットを混ぜて敷き込み、家具が置かれるエリアは単色のカーペットを敷き込むデザインとなっていた。しかし、濃い色の中に明るい色が入ると浮き上がって見えるポップアップ現象が起こるため、通路と家具エリアの床のデザインを逆にすることをUD研究会は提案した。

■モックアップ検証

　うす曇で時々陽光の入る初夏の午後、工事中のゲートラウンジにおいて、検証スペースだけ天井材や照明もつけ、候補の床材を6m四方に敷き並べてモックアップ検証を実施した（写真8、9）。
　非制限エリアのライン状の石の床のデザインは、7人の被験者のすべてが歩行の問題になるような段差は感じないとした。ただし、1人が溝には見えると報告した。ラインをガイドにしやすく、障害物の手前600mm以上で終わるラインが注意喚起の手がかりになるともまとめられた。
　制限エリアのタイルカーペットは、多色の色づかいに目が疲れることもなく見やすく、歩きやすいとの声もあり、全員が問題なしとの回答であった。1人から若干の色でポップアップするが、段に見えるほどではないとされた。通路部分と家具エリアのデザインの入れ替えを求める声は1人であり、それ以外が6人であったことから、計画どおりに進められることになった。
　空間に豊かな表情を与えるデザインと、歩行への影響のバランスを確認した作業であった。

表1　名古屋駅での検証結果

	問題ない	気になる
国内線ロビーに近似	4人	2人
国際線ロビーに近似	1人	5人
同程度の磨きと照明	3人	3人

写真7　名古屋駅での検証風景。段差に見えるため白杖で確認を行っている

写真8　空港でのモックアップ検証。ライン状の石の床のデザイン

写真9　空港でのモックアップ検証。タイルカーペットのデザイン

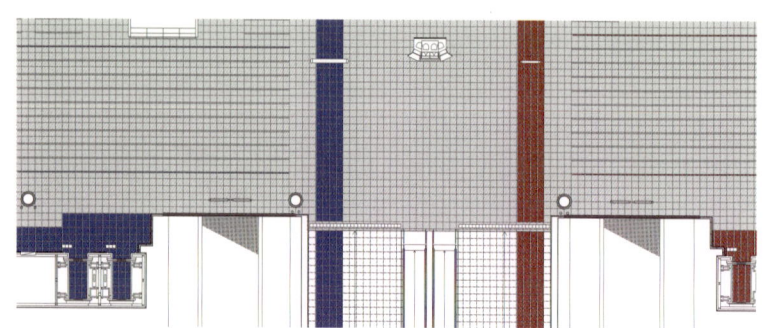

図3　出発ロビーの床パターン、設計原案（81ページ図1と比較するとラインが切れていない）

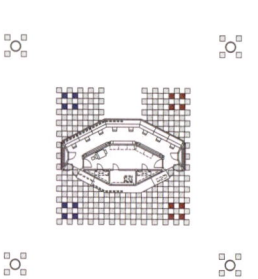

図4　アクセスプラザ床のデザイン原案

■発見しやすさの検討──トイレの色彩計画

　UD研究会ではトイレの利用経験や事例調査から、トイレ便器や洗浄ボタン等の操作ボタン、大便器ブースの扉を発見しにくいことが多く、その解決策として設置位置の周囲とその対象物のコントラストを高めることがポイントであることがわかっていた。

　設計側からはカラースキームのサンプルのパネルが提示された。しかし、UD研究会のメンバーは建築設計に関しては素人の人間が多く、小さなサンプルでの確認は難しいものであった。また、ロービジョン者にとっては実物を実際に近い環境で確認することが必要である。幸いにも大きな検討課題であるトイレの使い勝手全般を検証するため、メーカーの協力により実物大のモックアップを製作することが検討過程に組み込まれ、そこで同時に対象物の発見しやすさの確認を行っていった（写真10〜12）。

■方向の視認性──動く歩道のパレット

　視覚障害者にとって、動く歩道やエスカレーターの運転方向を確認することは重要なポイントである。高齢の聴覚障害者からも同様の指摘があり、UD研究会では、運転方向の情報を伝える方法についての提案を行った。音声、発停ポストのLED表示が並行して検討されていった。そのなかで、可動面に縞模様をつけることで運転方向を知らせることができないかという提案がロービジョン者からされた。中部国際空港では、動く歩道は、金属のパレット式のものとゴム式の2種類が導入されることとなったため、メーカー2社とも可動部の縞模様の着色に挑戦したが、ゴム式では材料の特性上難しいとされ、金属パレット式の製品で実現されることになった。塗装色の決定は、担当メーカーの研究成果を試作機検証場面で確認する手続きによった。カラーパレットの幅や間隔についても検証結果が反映された（写真13）。なお、この成果は先に供用された羽田空港第2ターミナルビルで活かされることになった。

■「半透明」の視認性──エレベーターシャフト

　最近多く見受けられる、四周が透明ガラスのエレベーターシャフトは、デザインがすっきりして、設置位置も明瞭であること、防犯性の高さなどが評価される。聴覚障害者からは、非常時に途中で停止した場合、エレベーター全面が透明ガラスであれば外部に連絡できることの利点から求められる仕様である。一方、空港のようにガラス壁の多い大空間の中で、ガラスの面積が大きいエレベーターは、その所在自体や乗降口の扉が発見しにくいこと、とくにロービジョン者には、ガラス部分を視認しにくいことから透明ガラスへの衝突の危険性がUD研究会で報告された。こうした相反するニーズの着地点として、設計側から示された和紙を挟んだようなすりガラスの採用と、扉に大きなガラス面を設けて、かご内外の視認性を確保した。視覚障害者と聴覚障害者の協議によって解決を見たデザインの1例である（→81ページ、写真6参照）。

　このほか、扉周りを金属パネルとして扉の位置を発見しやすくしたこと、また、エレベーターホール呼びボタン周囲は、サインと同様に、パネルと壁面、そしてパネルとボタンの視認性をよくする2段階の工夫に取り組んだ。かご内の操作ボタン類の色等については、メーカーの研究が先行していたのでUD研究会で追検証をし、有効であることを確認した。

写真10　実寸のモックアップでの色彩の検証

写真11　周囲の壁とコントラストが高く発見しやすい扉

写真12　発見しやすい洗面器

色彩

評価と検証

■ゴム式の動く歩道の開港後の変更

制限エリア内の動く歩道は、すべてゴム式であり、UD研究会では黒いベルトも運転方向が見分けにくいと指摘していた。しかし、耐久性のある塗装をゴムに施せないとの理由で、整備が見送られた。ところが、開港後に新しい塗装技術情報が紹介され、試行の後に整備された。

また、足元、裾の長い衣類の巻き込み事故への対応として、終端を明示するため赤色のLEDを点滅させる工夫も加えた。

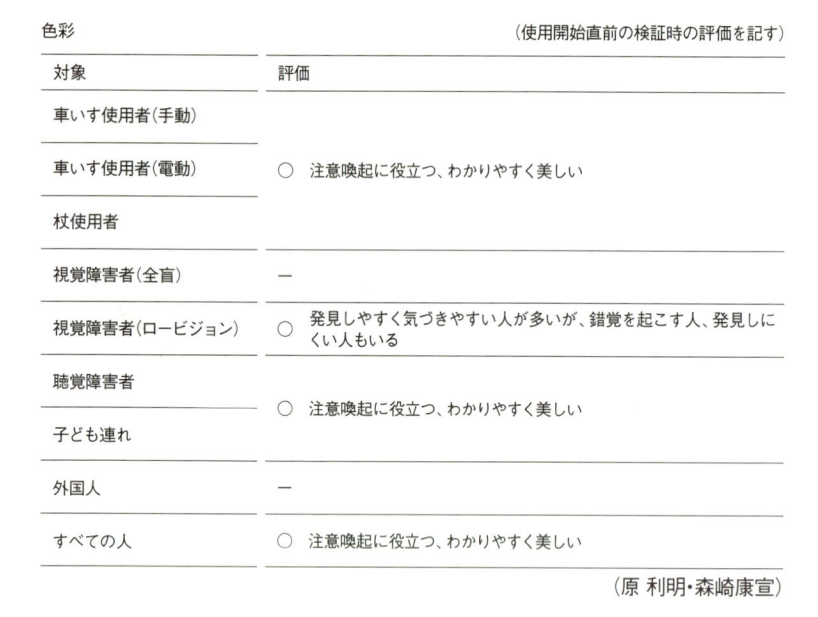

写真13 整備後

■運用時を見通したデザイン

幅100mmで1,200mmピッチの床のストライプを慎重に検討し、施工されたが、最も歩行に影響が出そうな3階出発ロビーのチェックインカウンターアイランド間の空間は、とくに国際線側では開港後は整列柵が林立する空間となっている（写真15）。ストライプが意図したメッセージは十分に表現できず、ストライプを横切る場合よりも整列柵によって歩行に支障が出そうな空間になっている。

写真14 3階出発ロビーのチェックインカウンターアイランド間

色彩　　　　　　　　　　　　　　　　　（使用開始直前の検証時の評価を記す）

対象		評価
車いす使用者（手動）		
車いす使用者（電動）	○	注意喚起に役立つ、わかりやすく美しい
杖使用者		
視覚障害者（全盲）		―
視覚障害者（ロービジョン）	○	発見しやすく気づきやすい人が多いが、錯覚を起こす人、発見しにくい人もいる
聴覚障害者	○	注意喚起に役立つ、わかりやすく美しい
子ども連れ		
外国人		―
すべての人	○	注意喚起に役立つ、わかりやすく美しい

（原 利明・森崎康宣）

UDをつくるキーワード ——— 10

UDの視点での監理

実施設計段階の研究会日程終了後、竹内伝史UD研究会座長の「森崎さんがずっと現場に詰めてなくちゃね」との言葉は印象的で、記憶に残ってはいたが、そのときは半ば冗談と思っていた。

これは施工監理の話である。「管理」と区別して「サラ(皿)カン」と言われる「監理」とは、設計の図面どおりに施工が行われているかを、現場にいてチェックする役割のことだ。これをまさか自分が行うとは予想だにしなかった。

結局、2つの工区で監理の担当をした。完成直前に検分をし、都合50項目を超えるものについてフィードバックした。案内表記の間違いをチェックしたり、動線上にあった目の粗いグレーチングを、そうでないものに取り替える指示等、開港に間に合うものもあったが、誤解によって施工されたものや施工漏れ、そもそもの検討漏れなど、その時点では変更できないものも少なからずあった。

今回のプロジェクトは設計のプロと、障害をもつ者としての「プロ」が知恵を合わせたのだが、形づくっていく工事過程そのものにも関与が必要なのだ。

動いている現場に、つねにUDの観点でモニターし、上記のような過不足をなくすための要員が必要である。座長の一言の大切さを痛感した。　　　　　(森崎康宣)

照明

| コンセプト | 誘導と危険を喚起させる、情報としての光のデザイン |

　照明は単に空間に必要な明るさを確保するだけでなく、空間を演出する重要なアイテムでもある。中部国際空港の旅客ターミナルでも、必要な明るさを確保するとともに、デザインコンセプトである「和」の空間を演出する照明計画がなされていた。

　移動の円滑化を促進する法律等のガイドラインでは、とくに通路部分を均一な照度にすることが求められている。一方で視覚障害者にとって光は視覚のうちの最後の情報であり、見え方がさまざまであるロービジョン者にとっても、明暗は空間を認識する大切な手がかりである。

　UD研究会では、照明を単に明るさを確保したり、空間の演出に使うだけでなく、誘導を暗示させたり、空間の目印として、また障害物を発見しやすく危険を喚起させる手がかりとなるような照明デザインをめざした。色彩計画とあわせて、「空間情報」を光で提供しようと考えた。

デザイン

■誘導と空間をわかりやすく

2階到着コンコースやアクセスプラザから駐車場棟への連絡通路（→51ページ、図参照）では、動く歩道に沿い、天井に連続的な照明を配置することで進行方向や通路の形状をわかりやすくしている（写真1）。また、乗降口や通路分岐のある部分等の照度を上げ、均一照度を確保するのではなく空間にメリハリをつけ、空間をわかりやすくする工夫をしている。

天井の高い空間では、動く歩道の欄干に照明を入れることで同様の効果を狙っている（写真2）。

■発見しやすくする照明

大空間の欄干に照明の入ったエスカレーターは発見しやすく、空間の中でのランドマークとなりうる。

また、エスカレーターのカート止めは、耐久性などの条件からステンレス製のものが多く、ロービジョン者にはその存在が発見しにくい。そこでカート止めの上部に照明をつけ、光により発見しやすくしている。

固定式の造りつけのいす下部には照明が設置してあり、発見しやすくなっている。同様に空調の吹出しは行灯のようにデザインされ、発見しやすくなっているが、このような照明は光源が直接視線に入るため眩しさを感じる人もいる（写真4）。

■トイレの照明計画

トイレでは洗面や小便器、大便器エリアで照明パターンを変えて空間にメリハリをつけるとともに、洗面器や小便器等の衛生陶器、大便器ブースそれぞれに対応した照明器具をつけて空間の大きさや衛生器具、ブース1つひとつの位置を発見しやすいようにしている（写真5、6）。また、トイレ奥の壁に照明を反射させ、奥行きを認知しやすくしようとしている。

写真1　進行方向を暗示させる照明計画

写真2　欄干照明で進行方向や空間がわかりやすい

写真3　ランドマークとなるエスカレーターと発見しやすいカート止め

写真4　発見しやすいいす

写真5　エリアにより照明計画を変えることで空間にメリハリをつけている

写真6　衛生器具と1対1対応の照明計画により発見しやすい

2　情報提供

照明

プロセス

■照明の連続性や危険喚起

　視覚障害者にとって光は、最後の視覚情報である。まったく光を感じることのできない完全なブラインドの手前の視覚状態を「光覚弁」といい、光(明暗)を認識できる。UD研究会メンバーに加わったロービジョン者には光覚弁を含み、さまざまな見え方をする人があり、彼らから照明の重要性が提起された。

　そこで国内外の参考となる先進事例や、空港で彼らとともに現地調査を行った。この調査で、連続した照明の有効性や、危険喚起のために照明は有効であるということが明らかになってきたと同時に、照度に関する課題も浮かび上がってきた。

　空港の完成予想図に現地調査で撮影した写真を重ね、図1のように具体的な提案を行った。そこでは、誘導を喚起させるような連続的な照明配置とともに、案内・手続き等のカウンターや障害物の幅木部分等の低い位置に目的物、障害物の発見を助ける間接照明(光源が目に入らないよう)の設置を提案した。

　また、動く歩道の完成予想図では、すでに連続的な天井照明が描かれており、設計側とUD研究会の意図が一致する部分もあった。

■デザインの解決によるコスト削減

　エスカレーターや動く歩道の欄干には照明を施し、空間内で設備の所在や動線方向を明示することが実施設計までに合意されていた。しかし施工の段階になり、コスト削減のために一部の動く歩道で欄干照明を取りやめたい旨がUD研究会に打診された。これに代わる案の検討が必要になったため、完成予想図や設計原案と連続させながら87ページ、写真2の状態へ結びつけた。デザインの工夫がコスト削減と並立しうる事例といえる。

■照度の検討

　参考事例の調査を行う中で、比較的照度の高い空間では歩行に不快や不安を感じる人、逆に照度の低い空間では歩行が難しくなる人がいることがわかってきた。しかし、高齢者やものが見にくいロービジョン者への適正な照度を定量化した先行研究や実践例がなかった。

　そこでUD研究会では、名古屋空港の国際線ターミナルビル(当時。現在は県営名古屋空港となり、ターミナルビルとしては使用されていない)で照度を測定し、その照度の評価を上記のロービジョン者各1人が行った。結果は表1のとおりであり、要求する照度が異なっていたことがわかった。2人という少ない被験者ではあるが、そこで国内外の空港で照度を測定し評価をした結果、おおむね400ルクス程度が合意点であった。この結果をUD研究会から設計側に提案した。またUD研究会から照度分布図の提供を求め、図2のような照度シミュレーション図によりUD研究会メンバーがコメントを行った。設計照度にはJIS規格等の基準化されている照度の明るい側の値が採用された。

■天井照明
・誘導方向をわからせるように連続的に配置
・眼に直接光源が入らないような配慮が必要

■床のデザイン
・床デザインにより誘導や危険喚起を行う
・進行方向がわかりやすい床のデザイン
・植木や家具などの障害物のあるエリアと歩行空間とが区別できるような床のデザイン

■動く歩道
・欄干照明
・乗降口の音声や光による案内
・進行方向をわかりやすくする

図1　UD研究会の提案(センターコンコース)

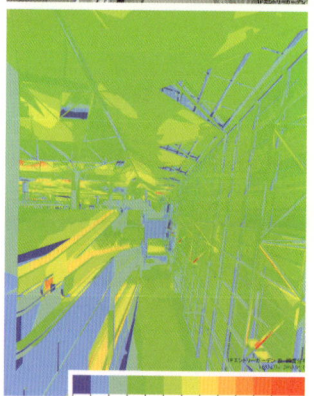

図2　吹抜け部周辺の通路の照度シミュレーション

表1　名古屋空港国際線ターミナルビル（当時）での照度評価

場所	照度（ルクス）	評価者A	評価者B	場所	照度（ルクス）	評価者A	評価者B
車寄せ	100～200	○	△	1階風除室	200	○	△
エレベーター前	100	○	×	2階フロア中央	800～1,000	×	○
バス停	50～100	○	×	2階階段口	300	○	×
1階到着ロビー	350	△	○	2階電話台	900	×	○
1階案内所前	600～700	×	○				

評価者A：糖尿病性網膜症・白内障　評価者B：網膜色素変性症
○：見やすい環境　△：注意が必要な環境　×：単独行動に不安な環境

評価と検証

■照度を上げる改善

全般に暗いとの評価は設計段階からの予想どおりであった。

保安検査場を越えた先の、窓のないロビー空間で約300ルクスの照度が確保され、到着の手荷物受取場所でもほぼ同じ照度になっている。しかし、暗い空間で歩行に不安をもつ一部のロービジョン者にとっては同じ照度であっても手荷物受取場所の方が歩行しやすい空間であった。保安検査場先のロビーは濃い色のタイルカーペットに対し、手荷物受取場所では白い石が床材に用いられている違いと考えられる。

開港から2年後、照度を上げる改善計画がなされている。おもには、間接照明の天井に向けたアッパー照明（放電灯）の不必要な遮光ルーバーを撤去、メカニカルランタンに設置されている蛍光灯を増設する。また、チェックインカウンター上部に蛍光灯を、案内カウンターのカウンター部へのスポットライト設置といった項目である。

照明　　　　　　　　　　　　　　　　　　　　　（使用開始直前の検証時の評価を記す）

対象	評価	
車いす使用者（手動）	○	夜間はやや暗い
車いす使用者（電動）	○	夜間はやや暗い
杖使用者	○	夜間はやや暗い
視覚障害者（全盲）	—	
視覚障害者（ロービジョン）	△	障害の原因、疾患によって夜間等には暗すぎて歩行しにくい人がいる
聴覚障害者	○	夜間はやや暗い
子ども連れ	○	夜間はやや暗い
外国人	—	
すべての人	○	夜間はやや暗い

（原 利明・森崎康宣）

FIS(フライト・インフォメーション・システム)

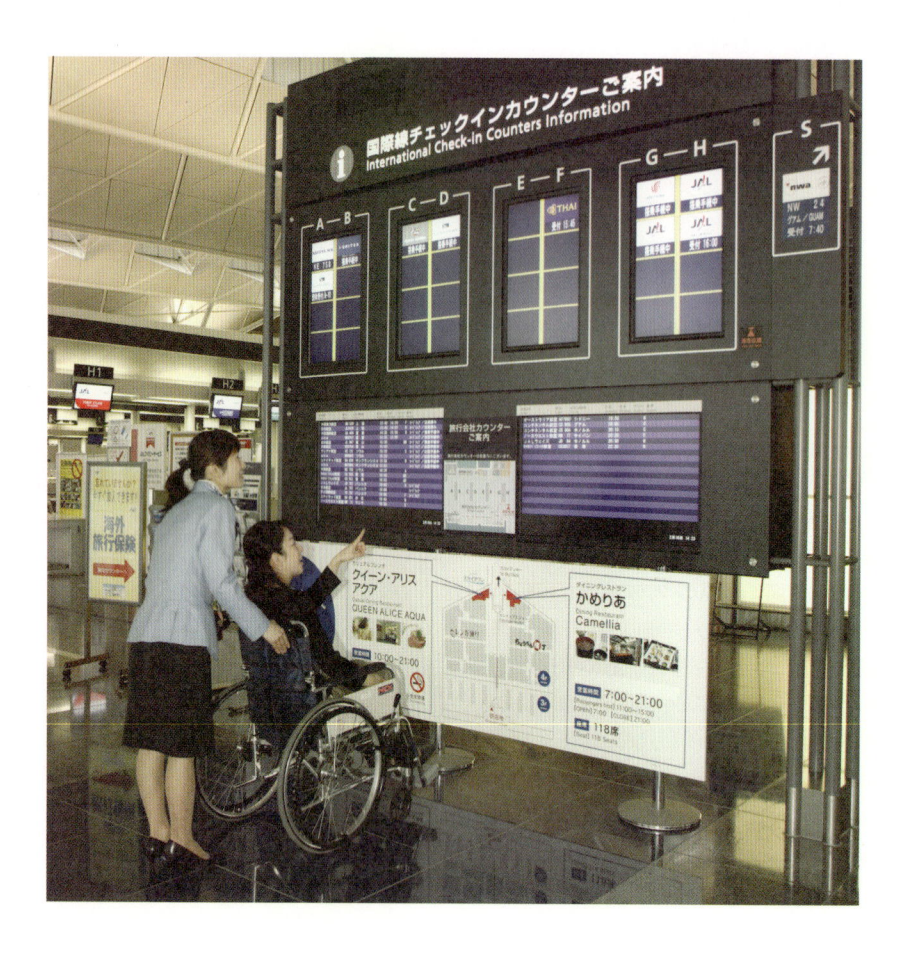

| コンセプト | ロービジョン者にもわかりやすく |

　搭乗する飛行機の出発は予定どおりか、どのカウンターで搭乗手続きをするのか、搭乗ゲートは何番か、出迎える人の飛行機の遅れはあるのかなど、航空機の乗降時間や場所の情報は空港利用に欠かせない。しかし、既存空港の情報提供のあり方は、サインを含めて晴眼者のためのものであり、さらに高齢等により視機能が低下した人を考慮しない設計であったと評価されていた。たとえば設置位置が高すぎるため、画面に近付いて見ることができないものや、設置環境により反射や映り込みが激しく、画面の情報を得にくいものなどが多く見受けられた。

　超高齢化社会を迎えるなかで、ものが見にくくなる人はますます増加するといわれている。高齢者をはじめ、より多くの人が円滑に飛行機を利用するためには、FIS(Flight Infomation System、フライト・インフォメーション・システム)の情報はとても重要である。そこでロービジョン者にとってもFISをより利用しやすくする検討を行った。

　空港の顔ともいえるメインFISボードは高い位置に設置されているため、これをロービジョン者にも利用しやすくすることは難しい。館内のさまざまな場所に設置が予定されていた小型FISモニターに目標を絞り、その利用のしやすさを追求した。

写真1　メインボード

デザイン

■「出発」が下、「到着」が上

モニターは、映り込みが少なく、画面がシャープで輝度が高く、文字が鮮明に映し出されるTFT方式のものが採用された。さまざまな視機能の人に対応するため、目と画面までの距離が選べることに留意し、必要であれば画面至近まで近付いて見ることができるようにしている。画面の中心の高さは1,550mmに設定した。

またモニターを上下2段に構成するとき、他の空港では上段のモニターに出発情報、下段のモニターに到着情報を提示している。しかし利用者にとっては、出発の方がより重要な情報であると考え、中部国際空港では、上段に到着情報、下段に出発情報を配置し、下段画面中心の高さを1,550mmとしている（写真2）。手荷物受取所でも同じ趣旨の配慮をした（写真3）。

※TFT方式とDLP方式：TFT（Thin Film Transistor）方式モニターとは液晶ディスプレイの1つで、薄膜状のトランジスタを利用したもの。一方、デジタルミラーデバイスと呼ばれる小さな鏡を制御して投影するのがDLP（Digital Light Processing）方式と呼ばれるもので、テキサス・インスツルメンツの登録商標である。両者は、テレビやプロジェクター等の市場ではほぼ拮抗する形で、占有率を争っている。

■読みやすさと簡潔な情報

画面デザインは、背景を濃紺、文字は原則白のゴシック系とし、コントラストを高めて読みやすくしている。また、注意を喚起するための文字は黄色とし、地に対し読みやすくかつ注意を引きやすい色としている（写真4）。

到着・出発情報など、横方向に文字を追う必要がある画面では、一段おきに背景に濃淡をつけることで読み進めやすくしている。スクロールも遅めに調節した。表示内容は設置場所ごとに必要最低限のものとしている（写真5、6）。

写真2 「出発」は下、「到着」は上のモニター

写真3 表示高さを選べる工夫

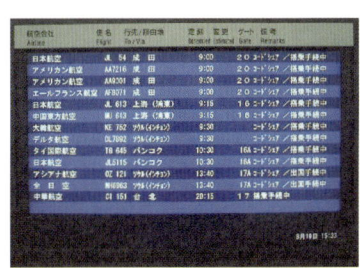

写真4 シンプルでわかりやすい画面のデザイン

写真5 ベルト番号を読みやすくした

写真6 手荷物受取所では表示内容を最小限にし、文字サイズを上げた

FIS（フライト・インフォメーション・システム）

プロセス

■モニターの種類と表示内容の検討

当初小型FISモニターは、メインFISボードに出されている情報と同様の情報量を表示するために50インチのDLP方式のモニターと、補助的に30インチTFT方式のモニターが予定されていた。しかし、DLP方式のものはTFT方式に比べ、画面の鮮明さに欠け、表示内容が読みにくいことがUD研究会から指摘され、実際に設置される環境と同様の環境下でロービジョン者による両方式の比較実験を行った。結果は、やはり画面が鮮明で映り込みも少ないTFT方式が圧倒的に支持された。施工段階に入った2002年7月のことであった。

しかし、当時TFT方式のモニターは30インチが主流であり、メインFISボードと同様の情報を表示させると文字が小さくなり、かえって見にくくなる。そこでUD研究会では、空港会社に小型FISをいかに見やすくするかの提案をした。通常、飛行機を利用する場合、せいぜい3〜4時間前からの便が表示されていれば十分である。よって小型FISには、メインFISのように1日の全便を表示する必要はないという点で空港会社と共有認識があったため、見やすさを優先して表示内容を削減し、30インチTFT方式を採用することとなった。

UD研究会は、具体的な表示内容や表示の順も利用者の観点から提案を行った。発着予定を示すすべてのモニターには、文字による情報提供ができるように最下段にメッセージ表示部を設けること、時刻を示すと便利であることも提案した。

■設置高さの検討

当初の計画ではモニターの下端が2,400mmで2段積みであったが、ロービジョン者は対象物に目を近づけて見るため、この高さでは利用不可能だった（図1）。小型FISモニターはロービジョン者にも見やすく配慮するというコンセプトから、高さの検討を行い、モックアップ検証結果から設置高さを画面中心で1,500mm程度とすることになった（図2）。上下2段に積むこともできるだけ避け、1段で左右に並べるよう調整された（写真7）。

■設置箇所の提案

UD研究会は、小型FISモニターの配置について実施設計図を検討し、計画よりも削減する方向で提案を行った。なお設置箇所検討後に、手荷物受取所で小型モニターの追加設置を提案し、実現した（写真8）。ガラス壁越しに逆光となることや光の映り込みが心配されたが、出発ゲートを除いては逆光とならない予想であり、必要であれば表面処理を行うとのことであった。結果的にはTFTの輝度により防止できた。

■画面デザイン——「地」と「図」の配色

ロービジョン者6人で実機による検証を2回行った（写真9）。UD研究会から背景（地）を濃い色とし、文字（図）を白、書体はゴシック系とするとロービジョン者にとって読みやすいことを事前に伝え、他の背景色候補を組み合わせて文字の読みやすさの確認を行った。その結果、背景色は濃紺とすることになった。また、被験者から多くの項目を横に読み進めにくいことが指摘され、一段おきに、背景に濃淡をつけることになり、2回の検証を経て濃淡の加減が調整された。

フライトの変更等、注意を喚起したり、強調するために文字を黄色とすること、表示の切り替えやスクロールの選択、切り替え時間等、読みやすさや気づきやすさがロービ

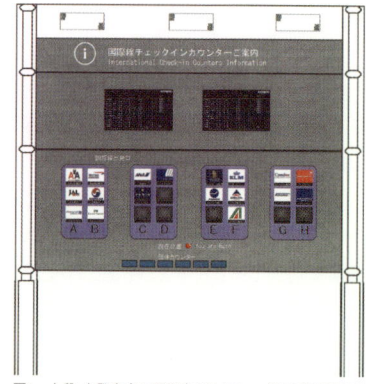

図1　上段 出発案内の画面中心2,400mm（2002年9月30日検討）

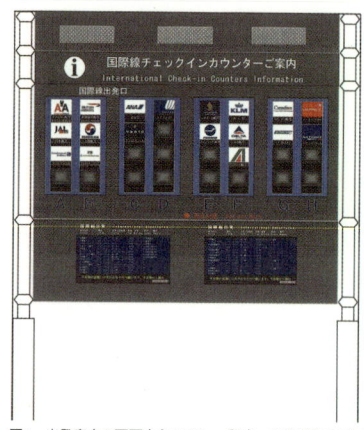

図2　出発案内の画面中心1,500mm程度への修正（2002年11月5日検討）

写真7　2段にせず1段に並べている

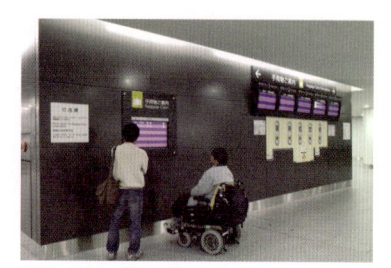

写真8　手荷物受取所に追加されたFISモニター

ジョン者によって検討された。

注意喚起については、聴覚障害者から赤色が要望されたが、背景色との組み合わせでロービジョン者には判読しにくい。この調整は、放送によっては知り得ない聴覚障害者の要望が優先され、一般的な注意は黄色、火災報知関係は赤色とすることを検証参加者などで合意された。手荷物受取所でのモニターも、晴眼者や設計者には気づかない、画面デザインのわずかな工夫が視認性向上につながった。

■画面切替

共同運航便や経由地が複数あるものは、その情報の画面表現に工夫が必要になる。スクロールよりも表示切替が読みやすく、その速さ、文字色の検討も背景色と同様の方法で検証を行った。文字に動きがある方が気づきやすいとの意見もあったが、ロービジョン者が判読できる仕様を選択した。

■表示内容

中部国際空港の国際線は、チェックインカウンターの共有化がコンセプトであり、その案内をモニター(カウンターアサインボード)によって行う計画で進められていた。この案内もロービジョン者に見やすいものとするため検討が行われたが、設置位置が高いために内容を十分に識別できなかった(図2)。検討のポイントは、画面のデザインを如何にシンプルにするかということ、線、文字、図の読みやすい間隔であり、工夫が重ねられた。

写真9　モックアップ検証

写真10　施工結果の確認

評価と検証

2007年3月、画面サイズの大型化が行われている。メインFISボードもカウンターの増設に伴い、変更が行われている(写真11)。

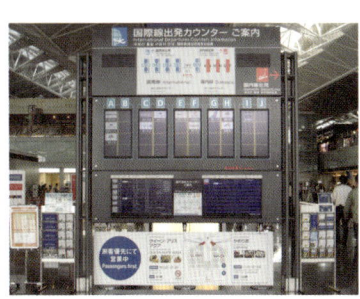

写真11　メインFISボードの変更

FIS　　　　　　　　　　　　　　　　　　　　　　　（使用開始直前の検証時の評価を記す）

対象	評価
車いす使用者(手動)	○
車いす使用者(電動)	○
杖使用者	○
視覚障害者(全盲)	—
視覚障害者(ロービジョン)	△　視力、視機能程度による
聴覚障害者	○
子ども連れ	○
外国人	○　日英の表記をしている
すべての人	○

(原 利明・森崎康宣)

UDをつくるキーワード―――11

本当に必要？――触地図（触知案内図）

「ほこりっぽいことが多いので触る気がしない」「待ち時間の暇つぶしにはなる」とは、触知案内図（触知図）についていわれる話である。中部国際空港では、触知図の設置は決定されていたが、UD研究会では、本空港での触知情報の有用性に疑問を拭いきれないまま、触知図の仕様を検討した。

トイレ内部を案内する触知図については、通勤等で単独で歩いている全盲の視覚障害者3人に、それぞれ別々の空港でトイレの出入口にある触知案内図を確かめてもらった。結果は3人ともトイレを利用することができなかった。そして「トイレに行きたいとき、こんなに時間をかけて地図を確かめることはありえない」という現実的な意見だった。

中部国際空港ではトイレに至る経路を、視覚障害者誘導用ブロックで連続した案内をしないという設計で合意していた（→75ページ）ので、トイレを使う全盲者には誰かが同行しているはずである。したがって、触知式にするよりもトイレ内部の配置案内に色のコントラストをつけることとし、同行者が異性であっても、ロービジョン者であっても、見てわかりやすい仕様が必要と考えた。

経路を案内する触知図については、アクセスする交通機関から据置き式の触知図まで視覚障害者誘導用ブロックが連続設置され、その先の出発経路にはブロックはないという計画だった。したがって触知図のあるところがゴールとなり、触知図の役割は、すでに通った歩行経路を跡付けるだけに過ぎない。また、飛行機からの到着経路や、空港内の店舗等から触知図のあるところまでは連続して案内するブロックを設置していないため、触知図を触るとき、視覚障害者はすぐに誰かと同行しているはずである。しかし、そこからは視覚障害者が同行者と別れて、単独歩行すると想定するのも不自然だ。

印象的だった言葉である「ないときには設置を要望し、設置されると触わる人がないもの」である触知図で、本当に役に立ちそうなのは「携帯できるもの」という。今後へのヒントである。

（森崎康宣）

UDをつくるキーワード──── 12

本当に必要！？── 視覚障害者誘導用ブロック

空港ターミナルビルという大きな空間で、敷かれる視覚障害者誘導用ブロックが、どれほど役に立つだろうか。そのヒントとなったのはUD研究会で視覚障害者誘導用ブロックの検証を行ったときのことだった。全盲の視覚障害者が、ある空港の到着ロビーを初めて単独で歩いてみた。ブロックがこの先どのように分岐しているか、等の状況を伝えると、想定した目的地まで確実に到達できた。

適切に敷かれたブロック、それに加えて、どのような経路構成になっているかの情報が組み合うことで、大空間でも初めての場所でも単独で移動できる全盲者がいる。日常生活でできる自立した行動が、空港内でも同じように可能となるためには、ブロックと対になった「情報提供」の重要性がわかる。

また、空港内のどこまでを連続したブロックで誘導するかは、UD研究会に参加する視覚障害者、その所属団体で大きく意向が分かれた。1つは、空港アクセス機関から最寄りの案内カウンターまでというもの、もう1つは、さらに3階チェックインロビーの案内カウンターまでと、到着出口とアクセス機関を結ぶ、というものだった。

実際に施工されたのは前者の方法だったが、「航空会社ごとのカウンターの場所まではわからなくても、チェックインロビーのある案内カウンターまで行って尋ねる人は、障害者じゃなくても少なくないはず」という意見には説得力があった。2つの案の調整には時間を要したし、後者の支持者たちのもつ、自立した利用への思いを感じさせられた。一方で「空港では、どこかで人の案内を受けることになる。それが50m手前か、先になるかという議論だ。私は、早く案内を受けた方が気楽だし、ブロックの経路を複雑にしたくもない」。これも自立した利用者の本音の感覚だと感じた。

(森崎康宣)

音サイン

| コンセプト | 役に立つ音情報をめざして |

　視覚障害者にとって音情報（聴覚情報）は、歩行方向や位置・安全の確認など、さまざまな場面でたいへん重要なものとして活用されている。

　視覚障害者が活かす「音」にはいくつかの種類がある。音響信号機の"カッコウ"の鳴き声"や"とおりゃんせ"の音楽、出入口や階段前、改札口で鳴っているチャイム音（誘導鈴）や鳥のさえずり音などは、その場所を誘導するためのサイン音である。街中のパチンコ屋など店特有の音や、自動販売機のモーター音など、同じ場所で定常的に鳴っている音は、位置を確認したり、その場所を知る手がかりになっている。自分の足音の反響や周囲の人の足音などで、歩行の方向性や階段の有無、周囲の空間の大きさなどが把握できる。また、白杖をつく時の反射音でも同様の情報を得ているとともに、その音で周囲に自分の存在を知らせるようとしている人もいる。

　中部国際空港では、係員による誘導計画との整合、そして検討当時めざしていた静かな空港とすることにも配慮しながら、視覚障害者の音情報の活用の仕方に学び、音による誘導の整備を図った。

写真1　エレベーター乗降ロビー

> デザイン

■乗り口と降り口が区別できるエスカレーターと動く歩道

　照明や触知による工夫と併せて、視覚障害者に運転方向と乗降位置の接近を知らせるよう音声案内を導入した。運転方向が異なるエスカレーター、動く歩道が並列している場合でも、それらの判別できるように音声の内容と音源の設置位置を変えている。

　また、空港内に導入されたメーカー3社の間で案内内容を統一し、音の明瞭性を一定に確保するためにスピーカーやアンプの規格、性能の統一も図った。

① 乗り口

　人の接近を感知して運転を始める方式が採用されており、そのため乗降口にセンサーを入れた発停ポストを設置した。ポストにはスピーカーを接近方向に向けて設置し、「動く歩道です。足元にご注意ください。Please watch your step.」と案内している。

② 降り口

　動く歩道の降り口では、可動部の終点2.5m手前の幅木部分に、斜め上方に向けてスピーカーを設置し「まもなく終点です。足元にご注意ください。Please watch your step.」と案内している。エスカレーターは、ステップの動きやベルトの傾斜の変化で降り口の接近が分かるので音声案内を設けていない。

■エレベーターでの音と光

　複数のエレベーターが並ぶところでは、到着するエレベーターをチャイム音で知らせている。そして、到着と運転方向をホールランタン（光）で示している。

　かご内では、乗り込む人への情報として運転方向、着床時には着床階と、通り抜け型の場合には扉の開閉方向を、日本語と英語の音声で「こちらの扉が開きます」と知らせている。同様の内容を文字や光でも示している。わかりやすさに影響する機械の動作と音声案内のタイミングも慎重に検討した。満員の通知や緊急時の連絡についても視覚、聴覚両様の情報で伝達できるように追求した。

■1階入口の誘導鈴

　ターミナルビル1階の車寄せには、中央の出入口を挟んでバス降車場とタクシー降車場がある。車寄せのすべての範囲に視覚障害者誘導用ブロックを敷設し、中央の出入口を経て館内の案内カウンターに誘導している。また、一般車降車場は、バス・タクシーレーンを横断する位置にある。これらのどの位置で降りても、中央出入口の方向を知らせ単独歩行を可能にするため誘導鈴を設けた。

　誘導鈴の音色は、さまざまな地域からの来港者があると考え、一般的な音「ピンポーン」とした。

写真2　エスカレーター

写真3　乗り口を誘導する音声が出る発停ポスト

写真4　降り口の接近を知らせる音声が出る幅木

写真5　サイン音とホールランタン（光）で到着を知らせるエレベータホール

写真6　扉の開閉方向を音声で知らせる通り抜け型エレベーター

写真7、8　出入口への方向取りのために誘導鈴を設置

音サイン

> プロセス

■音サインの必要性

　音声案内の要否は、ターミナルビルの各所で、人によるサポートが受けられる区域であるか否かを判断軸として検討を進めた。たとえば、大空間の随所にあるトイレへは全盲者の単独移動が困難であり、人によるサポートが考えられるため、視力のある人のために色彩やサインを設けた。したがって、静かな空港づくりにも配慮し、UD研究会からは音声案内設置の不要を提言した。これは鉄道駅等、日常的に使用する場所のトイレとは異なる判断といえる。

　一方、カーブサイド（車寄せ）は単独歩行の可能性がある場所であり、そこに伸びる視覚障害者誘導用ブロックだけでは出入口方向を判断できない。ロービジョン者が一般車降車場から横断歩道を経て出入口の方向を定めるためにも中央出入口には誘導鈴が必要であり、これは設計案に加えられた。誘導鈴の設置により視覚障害者誘導用ブロック経路を単純化することも可能になった。

　音の検討と並行または後追いする形で、音情報の視覚化が検討された。それが顕著だったのは、駐車料金事前精算機であり、音声のガイダンスに一致した文字情報を提供する製品となった。音と文字の両方で情報を提示することは障害者だけでなく、健常者にも有効な情報提供、注意喚起と位置付けられた。

写真9　事前精算機。音声と視覚的案内の一致、車いす使用者に対応させた

■事例の検証——エスカレーター・動く歩道の音サイン

　多くの視覚障害者が、エスカレーターや動く歩道の運転方向（上下など）がわからない、またはわかりにくいと述べ、乗降口の危険性を指摘した。高齢者にも同様の意見があった。

　他空港等での整備事例でも、音声の内容や聞き取りやすさ、発声タイミング、音源の設置位置について視覚障害者のニーズに合っていないことが多い。中部国際空港では、上下運転方向が異なるエスカレーターや動く歩道が並列する場所があり、識別しやすさは課題であった。

　そこで納入メーカーの既設実機による検証機会を設け、浜松アクトシティ、東静岡駅において視覚障害者（全盲とロービジョン）数人により乗降確認し、必要な性能を抽出した。おもな内容は以下のとおりだった。
・音声案内の内容：注意喚起だけでなく運転方向がわかること
・音の明瞭性：事前の調査により関西国際空港のものを推奨。また音が反響する空間では音源を特定しにくい
・音源の設置高さ：耳の高さが望ましい
・音の方向性：音源をたどっていくと乗り込めるように音源と乗り口が一致していることが望ましい

■音による誘導方法の検討

　視覚障害者が周囲の騒音のなかで「音」による誘導の確かさについて確認を行い、騒音の中でも確実に音源に向かって誘導されることを確認した。また音声の内容に関しても検討を行い、明瞭でわかりやすい文言とすることになった。たとえば「降り口」と「乗り口」では判別しにくいため、「降り口」ではなく「終点」という言葉に変更した。またメーカーによって文言が異なっていることがわかり音声の内容も統一することを求めた。

　なお、音以外にも設備位置や乗降口を明示する照明（→86ページ参照）、発停ポスト

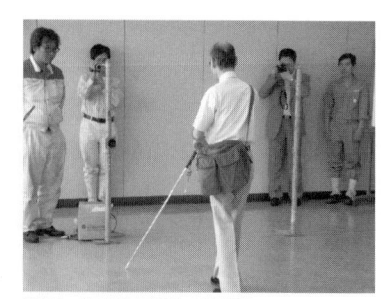

写真10　動く歩道音声案内の実験風景

に組み込んだ高輝度LEDでの表示、ベルトの前後に設けた固定手すり(→62ページ参照)、手すり上の点字プレートにより設備的な配慮を行い、そして視覚障害者が機械音やランディングプレートも感じ分けることと合わせて多様な手がかりを整えようとした。

■音源の設置位置の検討

　設置高さは前述の事例調査から耳の高さへの設置が望まれたが、動く歩道の場合は天井高さやコストが課題となった。結果、前例の事例調査をふまえ、メーカー工場における実機検証により、乗り口の発停ポストに内蔵することの効果が確認され、通路側に向け、設置高さはおおむね1mとした。基準音量はスピーカーから1mのところで76〜82デシベル程度とした。一方、降り口側では、とくに耳の高さへの設置の要望が強かったが、視覚障害者メンバーの発案で動く歩道の足下の幅木(スカートガード)部を利用して、音源を耳に向けることで良好な結果を得た。

　降り口側では、音を聞いてから降りる体勢を整えるのに十分な時間を必要とする人がいる一方、視覚障害者やその他の人のなかには、音声を聞いてから終点までの時間(距離)がありすぎるとタイミングがとれないという意見もあった。実験を繰り返すなかで合意点を模索し、一般的な運転速度(40m/分)の場合、終点の手前2.5m手前に音源を設置することになった。

　さらに、メーカーによって音の明瞭性に差があったので、その統一を各メーカーに求めた。騒音のなかでは音の明澄さが重要である。

■エレベーターと誘導鈴

　エレベーターは視覚障害者対応仕様で設計されており、UD研究会では、さらに音声案内のタイミングや内容、到着サイン音、かご内での着床階や通り抜け型の場合の扉の開閉方向など、全盲の視覚障害者が単独利用できる音声案内の仕様をメーカー担当者を含めて協議し、実現された。視覚障害者から多様な意見はあったが、重装備にはならず必要な案内を提供する方向で調整された。

　誘導鈴については、設計チームに必要性を説明し反映された。音色については、鳥のさえずりにすることもありえたが、日常的に使う場ではないこと、他空港での取材時に屋外ということもあって本物の鳥と思い違いをした経験も考慮して選択をした。

音サイン

評価と検証

　動く歩道に乗りながら話に夢中になったり、よそ見をして終点に気づかない利用者が見受けられる。また開港後、動く歩道降り口で、衣類の裾等を巻き込む事故への対応として、くし部の形状改良に加え（→63ページ参照）、降り口での注意喚起音や案内音声の内容が追加された。さらに、櫛部から発光による注意喚起も加えられ、安全対策が講じられた。音と光による情報提示は、それに気づかない場合はあるものの、障害当事者対応に留まらない空間のデザインといえる。

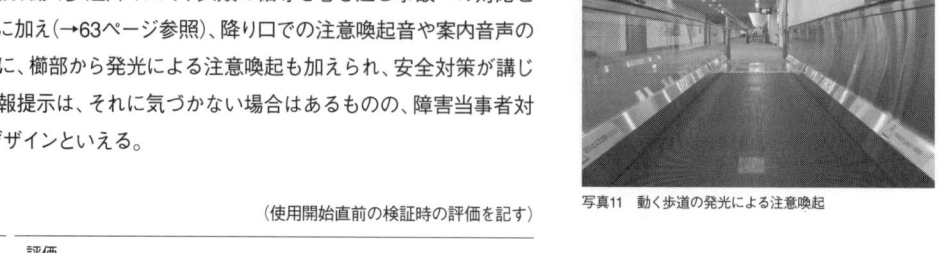

写真11　動く歩道の発光による注意喚起

音サイン

（使用開始直前の検証時の評価を記す）

対象	評価
車いす使用者（手動）	○ 注意喚起等
車いす使用者（電動）	○ 注意喚起等
杖使用者	○ 注意喚起等
視覚障害者（全盲）	○ エスカレーターも利用可能に
視覚障害者（ロービジョン）	○ エスカレーターも利用可能に
聴覚障害者	― 視覚化を追求した
子ども連れ	○ 注意喚起等
外国人	○ 英語による案内 × 英語以外の言語には非対応
すべての人	○ 注意喚起等

（原 利明・森崎康宣）

UDをつくるキーワード――― 13

音のトータルデザイン

96ページでも述べたとおり、視覚障害者はさまざまな音を空間や状況を認識するための重要な情報として利用している。空間を認識するために、反射音を重要な情報源としている視覚障害者もいる。

空港をはじめ交通施設では、情報提供や注意喚起のためにさまざまな音が利用されているが、過剰な音声、また機械などが発するノイズ音などなど、ときに溢れる音が混在してまさに音の洪水状態となってしまっている空間もある。音響信号機の発する音自体が騒音となってしまって、せっかく設置されても使えない場面があるのもその一例である。

これからは、サイン音などの電気音響だけでなく、機械のノイズ音の制御、建築音響も含めた空間全体での音のデザインが重要である。中部国際空港でもそのような配慮の必要性から、UD研究会事務局に検討をするよう提案を行ったが、この分野に対する認識や知見の不足、協力してもらえる専門家を探すことができず検討課題にすることができなかった。

都市や建築のUDを考えていく上で、まだ検討が着手されていない部分である。中部国際空港の取組みでは、色彩計画や照明計画まで踏み込み、デザインすることができたが、今後は音環境を含めた空間、環境全体としてのUDをめざしていきたい。

(原 利明)

昇降設備の操作盤

| コンセプト | 発見しやすく、見やすい操作盤 |

　エレベーターホールの呼びボタンやエレベーターかご内の操作盤は、操作盤全体が発見しやすく、そのボタン類のそれぞれの機能が判別しやすいことがポイントである。そのためには一般のサインと同様、それが設置されている壁と盤面、盤面と操作ボタン類や文字の大きさとコントラストに配慮して使いやすいデザインとする。

　最近では視覚障害者への配慮として操作盤等に点字を付けたものが多く見受けられるが、点字の識字率は視覚に障害があって障害者手帳を取得している人の10％足らずであることから、操作盤類には点字と併せて文字や記号を浮き出しにし、点字が読めなくても利用しやすい配慮を行った。

デザイン

■発見しやすいエレベーター呼びボタン

呼びボタンと設置壁面との色のコントラストを高めることで発見しやすいボタンとなっている。また、車いす使用者や細かい手作業がしにくい人でも押しやすいように大型のボタンであるためさらに発見しやすくなっている。

ここでは単にホールボタンと設置壁面とのコントラストの関係だけでなく、エレベーターの扉周り、ホール全体でエレベーターの扉の位置も含め、発見しやすいデザインがされている。

■浮き出し文字と点字の併記――かご内操作盤

階数ボタンや開閉ボタン等は、浮き出し文字・記号で内部にランプが入っているタイプを採用した。併せて点字を併記し、多くの視覚障害者が点字を読めないという現状に見合った配慮を行っている。このような複数の方法をとることでより多くの人が使いやすいものとした。

また、聴覚障害者のニーズに応え、運行状況（現在の階数や「満員」を知らせる文字表示、緊急情報の文字表示等）を示すLEDの表示板を混雑時でも確認しやすい高い位置に大きな文字で設置している（→108ページ、緊急情報提供参照）。視覚障害者には音声で情報提供を行っており、これも複数の方法により情報提供を行っている（→96ページ、音サイン参照）。

■緊急通報ボタンの色と形状の工夫

エレベーターの緊急通報ボタンは、メーカーによって記号が異なっている。中部国際空港では、多目的トイレで緊急通報ボタンと洗浄ボタンの違いを明確に示すため、緊急通報ボタンの形状を三角形としたため、エレベーターのかご内の緊急通報ボタンも三角形とした。また視覚障害者が他のボタンと識別できるよう、表面のテクスチャー（模様）をエンボス仕上げ（凸部を形成する）とした。

また、緊急通報の仕組みを知らない人のために「非常ボタン」と大きな文字でボタンの役割を表示したことも従来のエレベーターにはない仕様である。

この文字表示は、晴眼者にとってエレベーターを上に行かせるボタンであるとの誤認を避けるためでもあり、ロービジョン者には触ってわかりやすいが視覚的には発見しにくいよう、三角形の色は盤面とのコントラストを落としてある。

■視界に入りやすい高さ――動く歩道の発停ポスト

動く歩道やエスカレーターの乗り口を音声で示すことに加えて、高輝度LEDにより視覚的にも運転方向の情報を提供している。ここでも視覚聴覚両様の情報提供を行うことで、より多くの人が利用しやすい配慮がされている。

また、発停ポスト（センサーが内蔵され、人がポストの間を通ると一定時間動き続ける）は視界に入りやすい高さを確保し、その上部にあるLEDのサインを発見しやすくしている。耐久性等からステンレス素材となり、周囲の色を映し込んでロービジョン者にとって発見しにくい場合がある。できるかぎりポストの所在を伝え、衝突を回避しようとした。

写真1　見ても触っても使いやすいかご内の操作盤

写真2　発見しやすい呼びボタン

写真3　かご内操作盤

写真4　視覚情報と音声の複数の方法で運転方向の情報を発信している発停ポスト

昇降設備の操作盤

プロセス

■触ってもわかるもの──浮き出し文字と点字の併用

　エレベーター操作盤の視覚障害者対応は点字の識字率が低いことから、点字表示に加えて、階数ボタンの数字や開閉ボタンの記号を浮き出しとし、触ってもわかるものとすることを提案した。これについては、エレベーターメーカーで、視覚障害者のニーズに関する研究が進んでおり、オプションとしてすでに準備されていたので、ボタンの操作感等と合わせて追検証を行った。

　ここで1つ課題となったことがある。階数ボタンの浮き出している数字は、押すと中のランプが点灯する仕組みになっており、透明のアクリルが使用されている。そのため、ランプが点灯した時は視認性が高くなるものの、点灯していない時の視認性が低いことが指摘され、改善が求められた。その後実機によるモックアップ検証を行い、採用となった。点字についても視覚障害者が読みやすさを確認し、必要な修正が提案された。

■エレベーター呼びボタン

　モックアップ検証で、ロービジョン者にはボタンを識別できなかった。そこで後日、実物大の図を確認して変更仕様を決定した。

■緊急通報ボタンの誤認防止策

　緊急通報については聴覚障害者から多くの意見が出された。とくに緊急通報の仕組みについては、双方向で連絡の取れるテレビ電話方式の導入の要望が高かったが、コストの面で折り合わず、導入が見送られた（→108ページ、緊急情報提供参照）。

　多目的トイレの緊急通報ボタンを三角形とすると検討したアイデアを受けて、エレベーターかご内の緊急通報ボタンも同様の三角形とすることを提案した（→122ページ、多目的トイレ参照）。ただしボタン全体を三角形にすることはコストアップになるので、正方形のボタンをベースに、その上に三角形の形状を浮き立たせる方法とした。

　視覚障害者への配慮はトイレの場合と同様で形状に加えて、ざらつきなど他のボタンとは触って違いがわかりやすい工夫を求めた。

　聴覚障害者メンバーからは、緊急通報ボタンの存在を知らない人もいることが伝えられ、ボタンの機能をわかりやすい言葉で表現することが求められた。この点は操作盤上部の緊急時文字情報の仕様変更経過と同じ作業プロセスといえる。

　ボタンの仕様でもっとも懸念されたことは、エレベーターに用いる「▲」の形は上行きボタンと誤認されやすいことであった。赤い大きな「非常ボタン」の文字は晴眼者には伝わるが、金属板に表示されるとロービジョン者には認識しにくい。誤認されやすさや防止の方法をモックアップを利用しながら検討を重ねた結果、ロービジョン者にはボタンを視認しにくくし、触覚で知らせる方策を提案とした。

　ボタン仕様を紙で提示したもの（写真7）は、現実の見え方とは異なることもあって検討が難しい事項であった。また、誤認を懸念していたメーカー担当者だったが、エスカレーターと動く歩道の固定手すりの端部処理方法の場合ほど強い提案ではなかったことも三角のボタン採用に影響していたといえるだろう（→65ページ、エスカレーター「固定手すりの設置」参照）。

　なお、上行きボタンとの誤認の可能性についてはUD研究会でも調査実験を行い、視覚障害者には問題がないが、晴眼者には誤認の可能性があることを示すデータを確認していた。

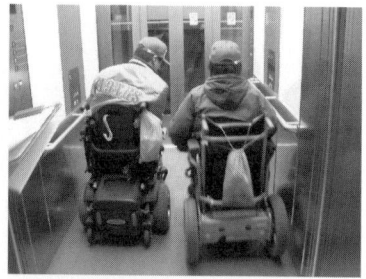

写真5　検証用のエレベーターモックアップ

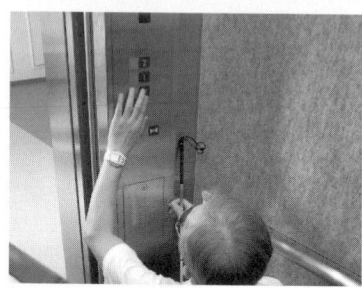

写真6　呼びボタンの視認性検証

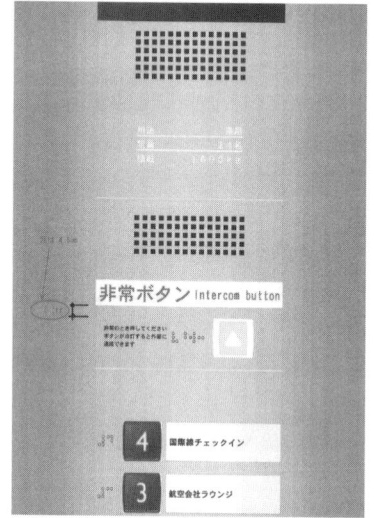

写真7　緊急通報ボタンの検討図

■実例とモックアップによる検証——動く歩道の発停ポスト

　動く歩道の音サインと同様に、浜松アクトシティ、東静岡駅にて発停ポストの運転方向を示すサインの視認性検証をロービジョン者によって行った。サインの設置高さは目線程度とし、表示方法は光っていると発見しやすいことがわかった。

　運転方向を示すサインは、コストや機構、メンテナンス性等から高輝度LEDによる表示方法が選定され、この方法での視認性とわかりやすさを高める検討がモックアップを利用しながら行われた。その結果、表示するサインはシンプルなものが選ばれ、色は明るくコントラストの高い色が支持された。なお、視力程度により、サインの示している図や文字を明瞭に識別していない人もいた。

評価と検証

■緊急通報ボタンの誤操作

　UD研究会の検討成果で最も早く仕様変更されたのは、エレベーターの緊急通報ボタンである。誤操作の多さにより、電話マークのボタンデザインに変更された。このデザインについては、UD研究会でも次のような検討がなされていた。

　電話マークは、それを単体で視覚障害者が触知すると数字の「1」と識別しにくい。しかし、ボタン配置の並びが違うので階床ボタンと識別できる。また、聴覚障害者には使えない設備であると理解したり、電話マークだけを見ても何を意味するボタンなのかわからない人もいる。しかし、中部国際空港では前述のように「非常ボタン」との文字表示で対応する。

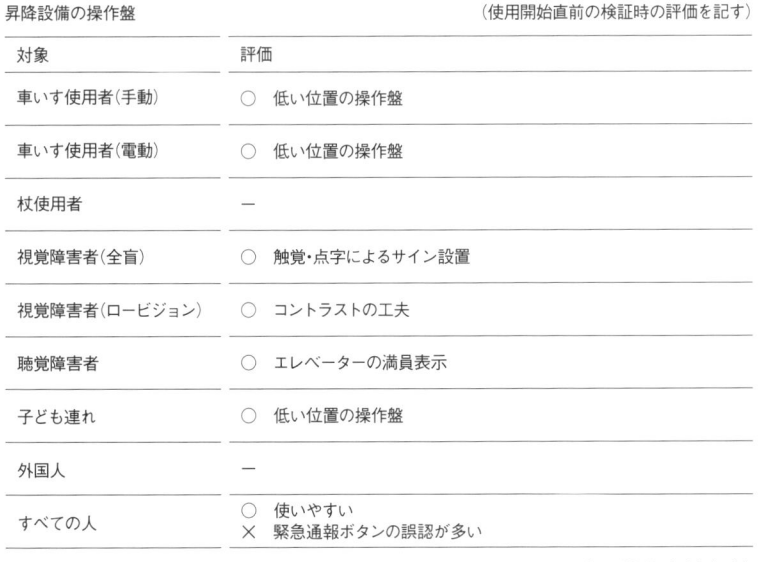

写真8　電話マークの緊急通報ボタンへの変更

昇降設備の操作盤　　　　　　　　　　　　　　（使用開始直前の検証時の評価を記す）

対象	評価
車いす使用者（手動）	○　低い位置の操作盤
車いす使用者（電動）	○　低い位置の操作盤
杖使用者	—
視覚障害者（全盲）	○　触覚・点字によるサイン設置
視覚障害者（ロービジョン）	○　コントラストの工夫
聴覚障害者	○　エレベーターの満員表示
子ども連れ	○　低い位置の操作盤
外国人	—
すべての人	○　使いやすい ×　緊急通報ボタンの誤認が多い

（原 利明・森崎康宣）

UDをつくるキーワード——14

利用しやすさ

視覚に障害をもつ当事者として、この研究会に参加させていただいた。旅客ターミナルビル施設内における各種設備、また直接利用客をサポートする人的支援についてさまざまな議論をし、空港設備の使いやすさの検討や実機検証に参加させていただくなど、貴重な経験をした。

案内所に設置する触知案内板では、既存の触知案内板がどれほど役立っているのかを確認するため、那覇空港などの空港を訪れて検証を行った。すると私たちは、せっかく設置された案内板がほとんど利用されていない、メンテナンスがなされていない現実を目にした。実際、私たちが検証にあたり最初に行ったのは「案内板の掃除」だったのである。

この現実を踏まえ、「利用してもらえる案内板」から、「利用しやすい案内板」をめざし、検討を続けることにした。残念ながら、実際に中部国際空港に設置された触知案内板は、実物の製作段階まで踏み込めなかったこともあり、私たちが望んだものとはほど遠くなってしまったが、大きな反省点であると同時に今後の課題であると思う。

また、この研究会で得たこととは、さまざまな障害をおもちの方々の、いろいろな立場からのご意見、考え、障害ゆえのさまざまな苦い経験、それに伴う切実な願いを伺う機会にも恵まれたことでもある。

たとえば聴覚障害をおもちの方の、「エレベーターに乗り込んだ際、重量制限ブザーが鳴ったのに、耳が不自由なためにその音が聞こえず、周囲から冷たい視線で見られて気まずい思いをした。だから、視覚で認識できる案内がほしい」というお話はたいへん印象的だった。

開港から早2年が経ち、何度か訪れたが、落ち着いた静かな空港だと思う。私たちが貴重な経験をするなかで検討を積み重ねた結果が形となって現れているのを見て、たいへん嬉しく思う。完璧とはいいがたい部分もあるが、わかりやすく使いやすい空港ができたなという印象をもった。空港だけではなく、さまざまな施設のUDの参考になればと思う。

(UD研究会視覚障害者対応整備分科会メンバー、
　社会福祉法人 AJU自立の家 わだちコンピュータハウス／水口和志)

UDをつくるキーワード———15

聴覚障害者への情報保障

「誰もが利用しやすい空港」をめざし設置されたUD研究会でも、発足時のメンバーに聾団体が加わっていたが、難聴者団体は「蚊帳の外」扱いだった。障害者を巻き込んで開かれるこうした会合に、聾団体には声が掛かっても、難聴団体には声の掛からない現状を憂えていた当時の愛知県難聴・中途失聴者福祉連合会・黒田紀夫副会長が、AJU自立の家に掛け合って交渉した結果、メンバーに加えていただけることとなり、副会長と筆者が参加を始めた。

難聴者・中途失聴者等の聴覚障害者には、音声情報に替わる文字情報が必要なこと。平常時のみでなく緊急時の視覚情報、密室となるトイレの個室・エレベーター、ホテル客室内での視覚情報による配慮、ソフト面では、筆談対応を中心としたサポートの必要性……等々きめ細かい要望を提示してきたが、そうした要望を出す以前に、まずクリアしなければならない大きな問題が横たわっていた。それは、討議の中心となる会議の場での情報保障の問題である。
要約筆記の必要性も知られていない状況からの出発は、想像以上に厳しいものだった。必要性を説明して、要約筆記通訳（ノートテイク）までは、配備していただけたものの、空港、建築関係者の専門用語が飛び交い、健聴者サイドの早口ペースで進められていく会議に要約筆記が追いつけず、発言のきっかけがまったくつかめない。さらには、そもそも要約して書かれたものでは、細部が把握できず理解することができない。何とかきっかけをつかんで発言しても、ノートテイクの中身が他の同席者には読めないため、「今はそんなことを話しているのではない」「話のポイントがずれている」などと失笑を買ったり、座が白けてしまったり……と筆舌に尽くしがたい辛さを味わった。
「発言してナンボ、要望を出してナンボ」の会議で、発言が思うようにいかないジレンマは、研究会に掛け合ってもよい解決策は出ず、自費で磁気誘導ループやOHPを購入して、情報保障環境を改善せざるを得なかった。
ただ、こちらからお願いして参加することになった以上、どんなに辛くても落伍するわけにいかない、という一念と、「難聴者・中途失聴者の声を反映させなければ」の使命感があったからこそ、4年余の会議に参加し続けられたと思う。力及ばないながらも、私たちが心身を蝕まれるほどの辛酸をなめつつ出した要望――情報の視覚化――がどの程度実現されているか、多くの人の目で確かめてもらいたいと思っている。
　　　（UD研究会部会メンバー、NPO愛知県難聴・中途失聴者協会事務局長／黒田和子）

緊急情報提供

| コンセプト | 聴覚障害者に配慮したできるかぎりのハード整備と、人による対応 |

　災害時、緊急時の高齢者や障害当事者、子ども達などへの対策は一般的に定型化されておらず、試行錯誤、取組みの緒についたところといえるかもしれない。UD研究会では折しも航空機によるテロ事件(2001年9月)とも重なって、緊急時の対応は研究会障害者メンバーから計画の確認が求められ、とくに音声情報が伝わりにくく、見た目には識別しにくい聴覚障害者には関心の高いところであった。

　火災等緊急事態を知らせる手段は、火災報知器に代表されるように「警報音・サイレン」そして館内放送によることが一般的で、多くの人に一度に効率よく知らせる手段である。しかし、この方法では聴覚障害者は緊急情報を入手することができない。

　中部国際空港では、トイレやエレベーターと、1人になる可能性の高い場所で緊急情報を視覚的に提供できる仕組みを工夫した。

デザイン

■フラッシュランプの設置──トイレ

聴覚障害者に火災を知らせるために、火災報知器と連動したフラッシュランプを設置した。すべての大便器ブースと多目的トイレ、そして小便、洗面コーナーにはそれぞれ1つ以上を天井に設置した。

フラッシュランプを設置することで「音」と「光」の複数の方法で緊急情報を提供することになり、より多くの人の安全性が確保されている。

写真1　トイレに設置されたフラッシュランプ。火災報知器と連動している

■LEDの表示──エレベーター

聴覚障害者による検討により文字による伝達を充実させた。

満員時は、警報音や音声に加えて、ホール呼びボタンと操作盤の上部の表示板に「満員」の文字情報を大きく表示させることとした。

かご内非常呼びボタンによるインターホンに代わるものとしては、操作盤の上部の表示板で文字により、エレベーター動作と外部の状況がわかるようにした。文字は、音声案内に代わって簡潔で、わかりやすい表現とし、できるだけ大きなサイズにした。

すべてのエレベーターで扉は大きなガラス窓としたことも聴覚障害者の要望の反映である。

写真2　文字情報を提示するLEDの表示板

■FISモニターによる文字提供

館内放送に代わる文字提供装置としてFISモニターを利用した。火災報知器が発報すると火災の確認と、確定後の2段階に分けて表示する。空港利用者がモニターの近くにいるとは限らないが、可能な限りの対応として実現した。

火災報知器が発報するとモニターの下端に「火災発生、現在確認中」というテロップが流れ、火災が確定するとモニター全体に「火事です。火事です。この近くで火災が発生しました。落ち着いて避難して下さい」という文字の画面に切り替わる仕組みとなっている。

写真3　FISモニターを利用した緊急情報の提供

写真4　提供する定型文章の一例

緊急情報提供

プロセス

■トイレでのフラッシュランプ設置に向けて

　災害等の緊急時対応について、空港会社は放送や係員による誘導を基本とした一般的な消防計画の説明にとどまり、UD研究会で納得するに至らない経緯があった。そのようななかでUD研究会の聴覚障害者メンバーが、小型の液晶モニターをトイレの大便器ブースの扉に設置し、通常は広告を流し、非常時には緊急情報を画面に流すという海外の最新事例を紹介して提案した。しかし、運営等の面で採用が難しいことから、UD研究会に代案が求められた。

　聴覚障害者の日常生活用具や宿泊施設での配慮についてヒアリングを行うと、電話のベルや玄関チャイムの音を回転灯やフラッシュランプに変換して認識していることが紹介され、火災報知器とフラッシュランプを連動させる方法を採用することとなった。

　彼らからは、さらに火災なのか、テロなのか、その警報の詳細情報の提供も強く求められた。しかし、トイレ内では、健常者でも警報音（サイレン）はわかるがそれ以上の情報は得ていないため、それと同じレベルでランプの点滅で警報音の代わりとすることで合意を得た。

　実際の設置場所については、2度のモックアップによって検証した。空港内のトイレは数が多いので、より効率のよい設置方法が求められたが、ランプ点滅の認識可否を確認した結果が設計施工に反映された。確認作業を繰り返し、設計者の熱意が伝わる作業でもあった。

　ただし、来港者にランプの点滅が何を意味するのか知らせていないことは課題として残っている。

写真5　モックアップによる設置の検討。検討時はブースの外に設置されていた

■非常呼びインターホンの代替そして「満員」を知らせる方法

　聴覚障害者がエレベーターに乗り込む際、満員を知らせるブザー音がわからないため、気まずい思いをすることがあるという経験をもとに、音に代わる情報提供が強く求められた。また、かご内に閉じこめられた場合にインターホンによる外部との連絡は、聴覚障害者には使えない。そこで文字による情報提供が検討された。

　緊急時の外部との連絡方法については、テレビ電話の導入も提案されたが、コストの問題で採用されなかった。代案として、エレベーターのかご内には監視用のカメラが設置されているため、緊急通報ボタンを押すことでかご内の状況を把握することができる。そこでかご内にいる人に操作盤にあるLED表示板を利用してその状況を文字にて伝える方法とし、その提供する文書の内容や文字の色について検討を行った。

　文字内容についてはメーカー標準の文案をもとに、かご内にいる際の行動や外部の状況がわかること、意味の理解のしやすさ、要点だけを伝える簡潔さ、読みやすい大きな文字とすることが工夫された。文字色は赤が採用された。黒地に赤文字は、視覚障害者には認識しにくい組み合わせであるが、目へのとまりやすさ、緊急時である色のイメージ、音声案内があることから合意された色づかいであった。

　聴覚障害者のニーズに対して、少しでも利用時の不安を払拭できるように配慮した結果である。

写真6　提供する文字情報の文面の一例

■館内放送について

　研究会の聴覚障害者メンバーは既存空港取材を経て、搭乗最終案内や呼び出し、火災の緊急情報等の多くの情報が放送（音声情報）によって伝えられることを知った。また聴覚障害者であることを告げても、係員が名前で呼び出す場面も経験した。これに対し、中部国際空港は近年の空港のトレンドである「サイレント空港」をめざし、非制限エリアでは放送による情報提供を減らす計画であった。音声に代わり、館内のさまざまな場所に設置したFISモニターにより、フライト変更等の情報をできるだけ文字で提供する方向で検討が進められていたので、トイレでの火災報知と連動したフラッシュランプを見て、どのような事態かを知らせる方法としてFISモニターを利用することは、効果が限定的ではあっても対応可能な選択肢としてシステムが変更調整された。

　なお、開港後実際には多くの館内放送がかかっており、音情報が活かせない利用者に対しては係員による利用者の身体状況に即したていねいな対応が一番の解決であると考えられる。

評価と検証

　すべての対象に対応しているはずであるが、非常時を想定した確認をしていないため、本欄は割愛する。

（原 利明・森崎康宣）

事前情報提供

| コンセプト | 設計配慮が「使いやすい」につながるために |

　UDをめざして、さまざまに配慮した空間や設備、人によるサポート体制が、どのようなものとして実現しているかを空港利用者に知らせること、それをUD研究会では大切な要件と考えた。どこで、何が、どのように整えられているかを伝えて、その整備趣旨が活かされると考えた。

　もちろん空港以外のすべての施設で共通する課題ではあるが、非日常的な利用の場である空港では強く求められるし、障害をもつ利用者、とくに視覚障害者からの要請は強かった。視覚障害者誘導用ブロックを空港アクセス交通機関から最寄りの案内カウンターまでの間まで敷設し、その後は係員による案内とした整備方針と対応して、空間把握の制約を補うべく、視覚障害者のメンバーにより精力的に検討された。

　たとえば、手引き等のサポートを提供する案内カウンターまで視覚障害者誘導用ブロックがどのように導いているのか、トイレのブース内でどのように洗浄ボタンが配置されているのか等を来港前に知ることができれば、使いやすさをめざした配慮内容が実現することになる。空間や設備仕様の統一は、こうした情報を完結に整理して提供するためにも必要な作業であり、開港後の改善の留意点でもある。ここでは、UD研究会視覚障害者分科会を中心に検討した内容と、整備の到達点を示す。

デザイン

■点字版ガイドブックの作成
UD研究会が推薦した関西国際空港の例を参考に、点字版ガイドブック(左ページ写真、写真1)が製作された。ロービジョン者への文字情報提供を兼ねている。

■フロアガイド
写真2のように、A3大の紙を四つ折りにしたサイズで墨字版のフロアガイドが作成されているが、障害のある利用者向けに準備されたものはない。

フロアガイドでは、本空港の大きな特徴であるコンパクトな手動車いすを使う人は全トイレブースが利用可能であることや、障害者用停車スペースの位置が案内されていない。

■ウェブサイト(UDに関係する部分)
音声読み上げ対応ページが、トップページでアクセスしやすい位置に配置され、画面の背景や文字サイズ、色等が調整できるソフトウェアを提供した(写真3)。

ユニバーサルデザイン施設として、トイレ、エレベーター、誘導ブロック・スロープ、介助のお手伝い、自動販売機、駐車場の6項目を案内している(写真4)。

写真1　点字版のガイドブック

写真2　セントレアフロアガイド

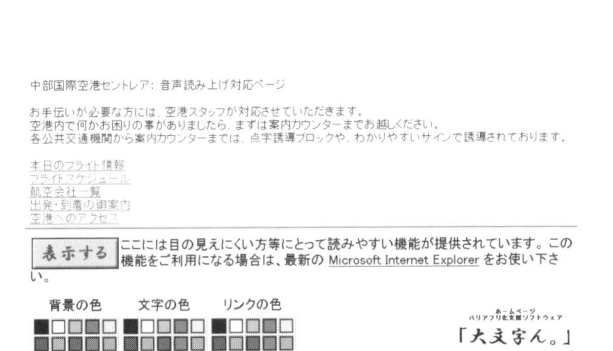

写真3　中部国際空港ウェブサイト「音声読み上げ対応ページ」

写真4　中部国際空港ウェブサイト「ユニバーサルデザイン施設」

事前情報提供

プロセスと課題

空港から提供する情報を、利用者の視点で3種類に区分けを行った。

1つは「必須情報」。空港施設利用にあたっての事前に確認したい情報、空港施設利用時に最低限必要な情報、固定的な情報でパンフレット等、紙媒体に掲載可能なもの、空港へのアクセス、フロアの概要、出入国手続き、いわゆるバリアフリー情報等である。もう1つは「当日情報」。その時々において変動しうるもの。フライト情報、詳細な施設案内、イベント案内等などである。さらには「おまけ情報」として、空港利用や搭乗に必須ではないが、待ち時間、事前に自宅等で読めるような読み物となるもの、空港の概要、観光案内等がある。

これらの情報の内容、ふさわしい情報媒体を視覚障害者対応整備分科会で検討した。

写真5 「セントレアとユニバーサルデザイン」(晴眼者向け)

■点字版ガイドブック

必須情報を掲載することとし、目次構成や表現方法、点字表記を含む仕上げ、紙での簡易な触知図について提案があった。しかし、製作過程で掲載内容について、UD研究会との検討機会はなく、案内所までの経路情報、バリアフリー情報が掲載されなかった。

開港1年後の時点では点字版ガイドブックの需要がないとの評価があったが、同書が提供されているPR方法と合わせて検討すべき課題であろう。

■携行版触知案内図

ターミナルビル1階とアクセスプラザ2階にある視覚障害者誘導用ブロックに導かれる据置き型の触知案内図以外にアクセシブルな触知案内図はない。また視覚障害者の生活実感からも紙版で携帯できる触知図が居場所、移動した経路、周辺の空間状況等を把握するために有効であるとUD研究会で確認された。仕様について検討着手したが、点字版ガイドブックの作成に参加できないまま作業未了となった。

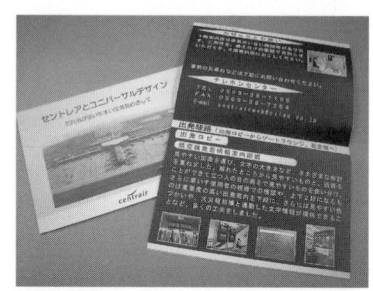

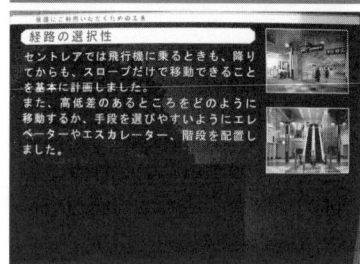

写真6 「セントレアとユニバーサルデザイン」(ロービジョン者向け)

■ウェブサイト

計画段階で内容構成についてUD研究会との検討機会をもち、音声読み上げ対応ページが整備された。

しかし、具体的な掲載内容については検討機会がなく、読みやすい画面レイアウトや選択できる豊かな情報を提示できていない。たとえば、文字情報を大切にする聴覚障害のある利用者への案内が見受けられないことや、ユニバーサルデザイン施設案内がトップページから直接に参照できないことが端的な例である。画面による情報提供として、FISの検討過程(→90ページ)とは対照的であった。

■その他の提供手段として提案されたもの

その他の提供手段としてUD研究会から提案されたものは、冊子(一般用墨字ベース)、冊子(弱視者・高齢者用拡大文字版、スピーチオ*対応)、電子メール、電話案内、録音図書(CD、テープ、MDなど一般的に広く使用されているもの)であった。

■冊子「セントレアとユニバーサルデザイン」

本空港のユニバーサルデザイン視察者とロービジョン者向けガイドブック「セントレアとユニバーサルデザイン」が、2006年に製作された。このパンフレットは、問い合わせがあった場合に提供が行われている。

(森崎康宣)

*スピーチオ:バーコードよりも情報量が多く、紙に印刷されるSPコードを読みとる専用の装置。記録情報を音声出力する

UDをつくるキーワード ―― 16

本当に必要！―― 視覚で知らせる検査結果

UD研究会や一部メンバーからは整備を求めたが、十分には検討されず整備されなかったものもある。そのなかでUDの今後に残された整備課題であると同時に、UDの考え方をわかりやすく知るエピソードを1つ紹介したい。

保安検査で金属探知のゲートをくぐる前後は、飛行機に乗り慣れない人にとっては緊張する時間である。この検査結果が音で知らされるので、聴覚障害者は自ら、同時には確認できない。いきなり係員が近付いてきて再検査を受けるはめとなり、その事態がわからず、驚くという。

空港や航空会社のスタッフが、搭乗までの手続きで聴覚障害者の困りやすいことを事前に説明したり、同行してサポートすることも求められるが、この検査結果を視覚的にも知らせてほしいという要望は、UD研究会内で切実に響いた。おそらく設備的な変更自体は容易にできることだろう。

緊張している場所でこそ状況をわかりやすくしたい。採用には至らなかったが、ストレスを回避できるサポートは、旅の喜びをきっと大きくできる。　　　　（森崎康宣）

UDをつくるキーワード――― 17

空間の情報提供

都市・建築空間において円滑な移動を行うためには、段差解消等の物理的なバリアを解消するだけでなく、これらに併せて情報の取得が必要であり、適切な情報提供が今後の大きな課題である。では円滑に移動が行えるための「情報」とは、単なる案内・誘導のサインや事前情報だけではない。空間をデザインする「色」「光」「素材」といった要素自体が、じつは、その空間の形状や繋がり、壁や柱、階段、昇降機類の位置や存在等を知らせる「情報」と捉えることができる。だから、サインに依存せず人間の直感で移動できる空間こそ、まさに円滑に移動できる空間と考えられる。

空間を認識する手段としての情報は、約80%が視覚によるものと言われている。よって、視覚情報を得ることができない全盲者の空間認識の手段は当然晴眼者とは異なる。自分や周囲を歩いている人の足音、白杖で叩く音やその反射音等の聴覚情報。足裏や白杖から伝わる触角、暖かさや風の動きなどの皮膚感覚も含めた触覚情報。店舗に特有なにおいなどの嗅覚情報等、およそ晴眼者では意識していない情報を巧みに収集し、空間を認識している。

また、ものが見にくいロービジョン者(低視力者、弱視者)は、完全ではないが視覚により空間情報を得、それだけでは十分に取りきれない情報を聴覚や触覚、嗅覚を駆使して空間認識をしている。だがその個人の視機能(視野欠損、水晶体の白濁の程度、視力等)によっては、見え方や見る適切な環境がさまざまであって、誤認や錯覚を起こしやすいほか、要求する照度等の環境条件も大きく異なる。しかしロービジョン者にとって、「コントラスト」「グレア」は共通のキーワードである。

一方、聴覚情報が得られない・得にくい人にとっては、火災等の緊急情報の伝達に「音」が用いられることが多いため、生死に関わる一大事である。とくに一人になる可能性が高い閉所・個室(エレベータ内やトイレ等)での情報提供が重要になる。中部国際空港でも、フラッシュランプの設置等、聴覚障害者への緊急情報設備については検討を行った(→108ページ参照)。聴覚情報が得られないということは、たとえば交差点や通路の曲がり角等で足音や車の音が聞こえないために、出会い頭の衝突の危険性が高い。よって視覚情報を得やすい充分な視界を確保する必要がある。視界が開け遠くまで見通せる透明感のある空間は、これらの人にとっては情報の受発信がしやすい空間といえる。

中部国際空港では、視覚情報のみに依存した空間デザインではなく、「五感を補完」する仕組みをもった空間づくりをめざして取り組んだ。(→69ページ～、2情報提供参照)それは、より多くの人が利用しやすい空間デザインとなると考えている。

(原 利明)

2章 ユニバーサルデザイン・ディテール

3　ユーティリティ

トイレ［一般トイレ］	118
トイレ［多目的トイレ］	122
水飲み機／喫煙室／自動販売機等	126
こども広場／授乳室／展望デッキ	127
カウンター	128

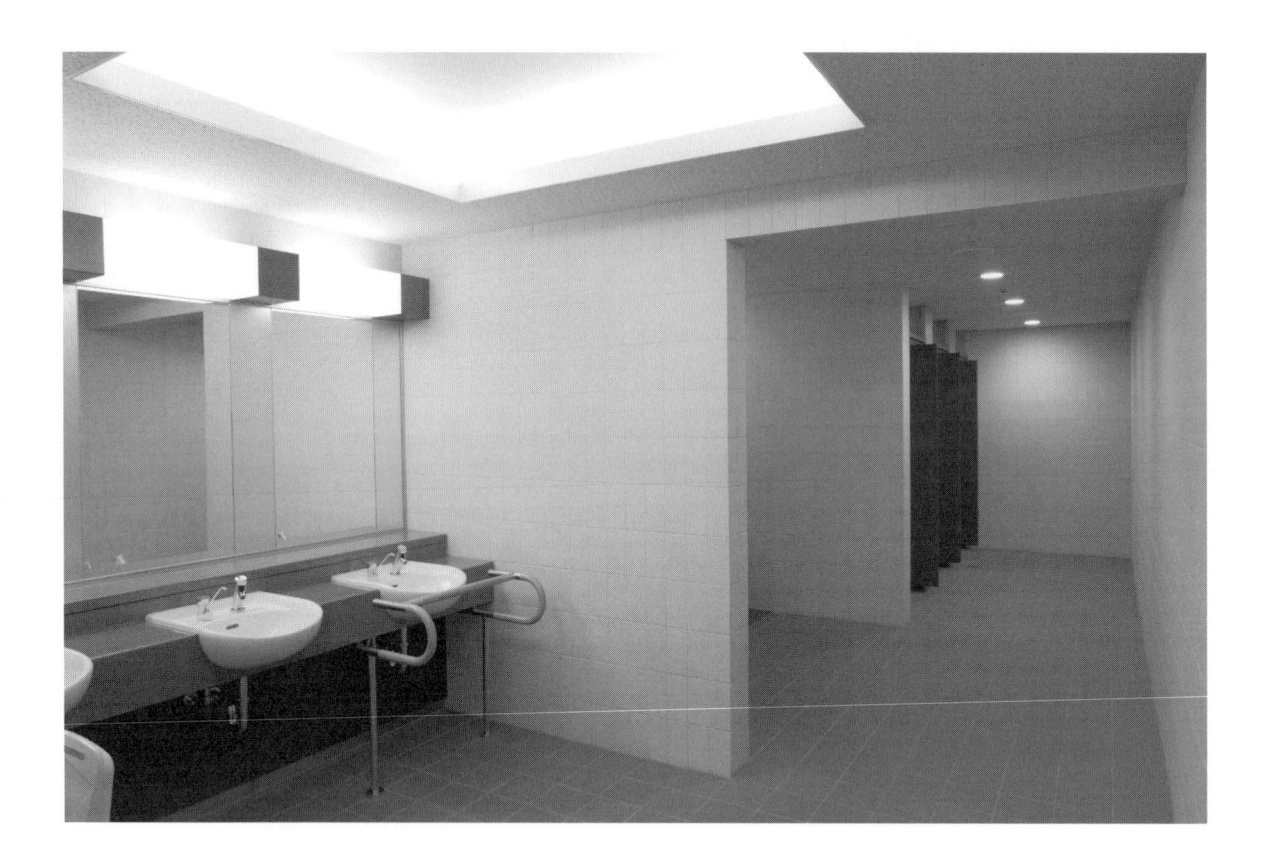

トイレ［一般トイレ］

| コンセプト | 多くの人が利用できること |

　多くの旅客にとって、旅への期待と不安から来る心理状態に由来して、トイレがどこにあるかがすぐにわかり、そこが快適に利用できるかがきわめて重要なことである。UD研究会の意識も同様であり、参加者たち皆の共通の思いとして、すぐに場所がわかり、誰にも快適に過ごせる、使い勝手のよいトイレの実現が目標とされた。
　その結果すべての旅客用トイレブースを、コンパクトな手動車いすを使う人に利用可能なものとし、大きな旅行かばんの持ち主や子ども連れでも楽に入れる大きさとデザインが追求された。
　トイレ内部を少しでもわかりやすくするため、配置の原則を定めた。入口から手前側を男性用、奥側に女性用とした。また空港全体のUDの考え方により、視覚障害者に対応して、トイレゾーンへは人による案内や誘導を前提とし、入口から後は自力で到達できるよう、配置計画の基本が定められている（→28ページ）。さらに入口付近に触知案内図を設け、小便器の前に誘導ブロックを敷いた。またロービジョン者対応として衛生陶器と床や壁の色を変える照明配置、照度と輝度対比などの検討を行い、容易に対象を見つけることができるデザインとした。なお各トイレに向かう通路部分には、誘導のための手すりを設けることとなった。
　もう1つ重要な工夫として、災害時などに緊急通報が行われた際の、聴覚障害者への対処としてフラッシュランプをトイレの各所に設置することとした。

デザイン

■トイレの共通レイアウト

　トイレゾーンの一番手前を多目的トイレ、次に男性用、一番奥を女性用という原則でレイアウトを行い、設計された。トイレブースの配列は、一番手前に和風便器を1つ、残りを洋式とし、左と右勝手を設置することを原則とした。

　通路の幅員は車いすと歩行者がうまく往来できるよう1,600mmを確保、折れ曲がりは最小限とし、かつ便所内がおもな空間から見通されないようにした。

写真1　つくりこまれた1.1m×1.9mの空間

■手動車いす使用者も利用できる一般トイレブース

　手動車いす使用者が利用できるようにするため、UD研究会との予備実験が重ねられ以下の仕様となった。これにより、多目的トイレへの過度の集中が、避けられると見込まれた。

- ブースの幅は一般より広めの1,100mm、奥行きはちょっと大き目の、1,900mm(面台250mm程度含む) 以上とする。
- 扉の有効幅員は最低を800mmとする。
- すべてのブースの扉は、折り戸形式とする。
- すべての洋式便器ブースには、原設計のL型手すりに加え、跳上式手すりを設置する。
- ベビーチェアと幼児用便座を男女トイレとも、入口に最も近いブースに設置する。

■洗浄ボタンへの点字

　メーカー2社の洗浄ボタンには点字表記の有無や仕様に課題があったため、表示位置を共通化して設置した(写真2)。

写真2　点字表示を追加した洗浄ボタン

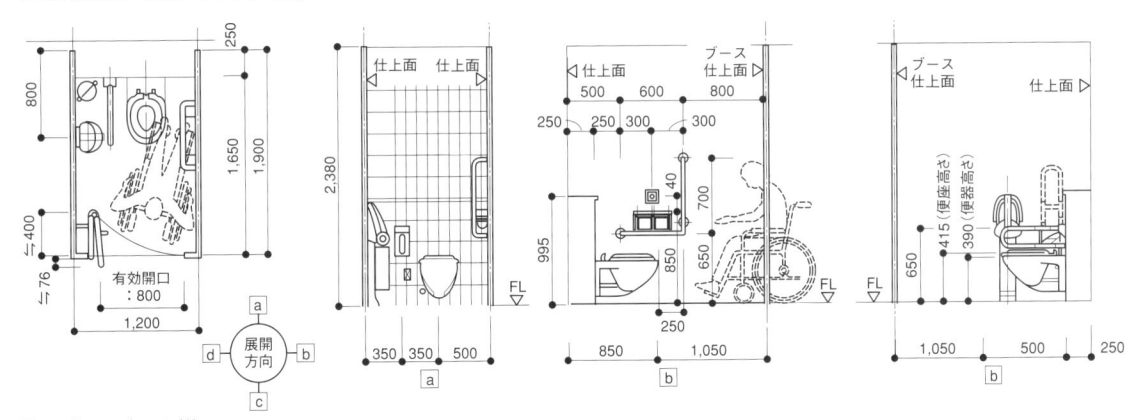

図1　一般トイレブースの寸法

■フラッシュランプによる警報

　災害時などに緊急通報が行われた際、聴覚障害者は音による情報が得られず、ブース内で孤立する可能性がある。その対処をさまざまに検討を行った結果、緊急通報と同時に緑色に点滅するフラッシュランプを、すべてのブースから見える位置にトイレの各所に設置することとした(→109ページ、緊急情報提供参照)。緊急通報時に緑色に発光、点滅するキセノンランプである。

■身体障害者補助犬用のトイレ

　専用設備としては設けず、必要な際は屋外の緑地などに案内することとした。

写真3　パニック回避のため赤をやめ、緑で点滅する

トイレ［一般トイレ］

プロセス

　設計当初、従来の施設に多い、一般トイレと少数の多目的トイレを組み合わせて設ける予定であった。しかし今日、障害者が多数参加するイベントが開催されることが多くなり、空港を集中的に利用する場合も多く、また、多目的トイレは車いす使用者だけでなく多様な利用を想定しているため、車いす使用者が使いたい時に使えない状況が予想された。そこでUDの発想からむしろ一般トイレを使用できる旅客をできるだけ増やす方針で改良することとなった。

　しかし、先行事例を参考とするとブースをかなり大きくしなくてはならず、結果、便器の個数が大幅に減少することになるため、協議が難航した。

　とはいえ、多くの人々が利用しやすいトイレの最適な寸法がじつは明らかではないところもあり、状況を打開するために、衛生陶器メーカーに設置されているモデルルームで、実験により最適寸法の検証をすることとなった（写真4）。

　幸いにも原設計のブース幅が1,100または1,200mmであったことから、奥行き方向の調整ができれば実現する見通しとなった。

　扉については、蝶番が移動するもの（図2）や折れ戸（図3）など、ブース内の人のスペースを圧縮しないタイプのものが試された結果、多くのメーカーが開発可能な折れ戸タイプで発注された。また手すり、紙台、ゴミ容器、ベビーチェアなど最適な配置と器具選定が検討された。

　その後、各種のドアや機器を備えたモックアップをメーカー内のモデルルームに設置し、空港会社、UD研究会、設計者、各種メーカーなどさまざまな立場の参加者がチェックするなかで検証実験が繰り返され、設計・施工に反映された（図3、写真5）。

　洗浄ボタンに追加された点字表記も、各メーカーの製品ごとに確認作業を行った。

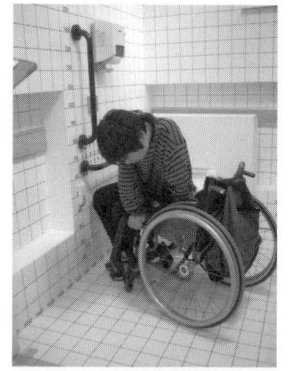

写真4　ショールーム内の実験用トイレによる検証

写真5　ブース内のヒアリング

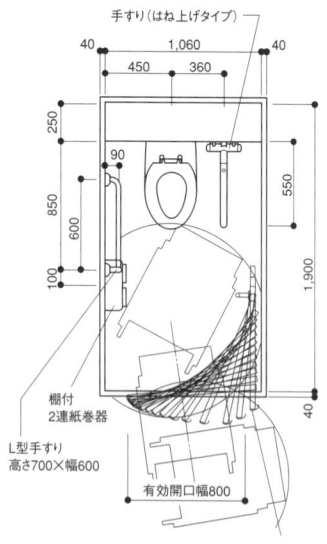

図2　検証実験を反映した原案

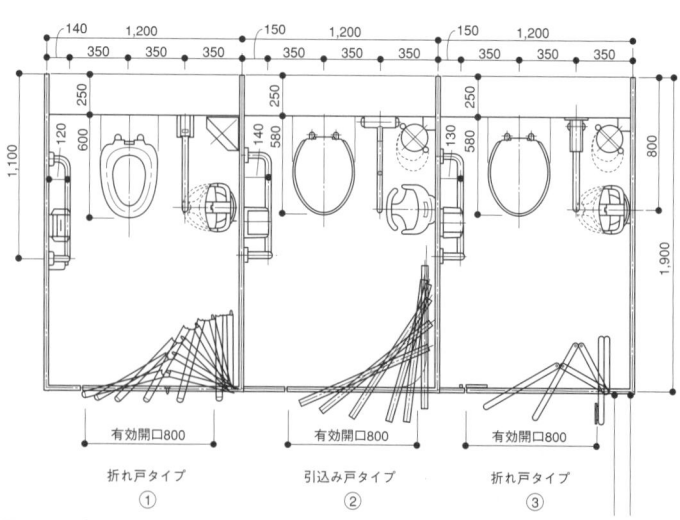

図3　トイレブースの試作と体験実験

評価と検証

　各階にあるどのトイレも同じような位置関係とレイアウトがなされ、わかりやすさが追求されるべきであったが、どうしてもメイン空間の機能が優先されるため、各場所での工夫で対処された。しかし居室の上階にトイレが設置されるなど、設備計画的にはかなり難しい場所にも設けられるなどの努力がなされた。

　設計段階から、施工段階、使用開始直後など各段階に使い勝手の検証が当事者らによって行われたので、ユーザー側からの評価は全般的に高く、開港後も利用者からの苦情はほとんどないとのことである。

　到着階では、国際線と国内線の到着出口の間に男子トイレが2ヵ所、女子トイレが到着出口から奥側に2ヵ所、それぞれ離れて設置された。研究会では男女同一箇所の設置を要望したがかなわなかった。開港後、動線から離れた位置にある女子トイレがわかりにくいという苦情が寄せられている。

　詳細部に関して、折れ戸の蝶番など、あらたに商品開発された部分もあり、耐久性試験後に納入されたが、開港後さらに不具合が生じた箇所については、改良が続けられている。

　ブースの折れ戸の開閉と鍵の掛け方については、今まで一般に普及していない製品であるためか、使用に際してとまどう声が多く、使用方法を示す表示が追加された（写真6）。

　開港後、一般利用者の要望に基づき、全ブースに便座シートまたは除菌クリーナーのいずれかを、また温水洗浄便座が全トイレに各1ブースずつ設置された。設計プロセスでの実験では、車いす使用者の移乗に支障となる時があり、また全盲者にも利用できないことから設置を見送ったものではあった。

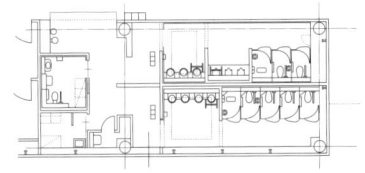

図4　出発コンコースのトイレ

写真6　使用方法を記したラベルの追加

トイレ[一般トイレ]

対象	評価
車いす使用者(手動)	△　車いすの種類によっては狭い ※身体機能に合った各種の車いすの供給が盛んになっている
車いす使用者(電動)	―　※多目的トイレで対応
杖使用者	○　全ブースに手すりを設置 ※固定と跳ね上げを標準装備
視覚障害者(全盲)	○　ブース内を認識しやすい器具配置、洗浄ボタン点字、識字マップ、小便器前の標識、失敗しない自動栓の改良 △　手すり付きを優先的に設置
視覚障害者(ロービジョン)	○　空間や設備を認識しやすい仕上げと便器のコントラスト ※便器と壁の色を変えた
聴覚障害者	○　非常時のキセノンランプ点滅表示による不安解消 ※文字による情報提供にはいたらず
内部障害者	―　※多目的トイレでオストメイトに対応
子ども連れ	○　各所にベビーいす
外国人	△　折れ戸の開閉、ロックの方法が少しわかりにくい ※開港後も改良が重ねられている
すべての人	

（谷口 元）

トイレ［多目的トイレ］

コンセプト　　使い勝手をよくすること

　多目的トイレは、単独に設けるのではなくすべてのトイレゾーンに併設した。またレイアウト上もトイレゾーンの入り口に近いところに設けられた。
　多目的トイレは可能な限り1つのトイレゾーンに複数の設置をめざした。それも男女のゾーン内でなく男女トイレへの通路にあるか、それぞれのトイレ入口より手前に配置し、複数設置の場合は、左右の利き勝手に対応して選択できるようにした。多目的トイレを男女にそれぞれ設置することは、多くの施設でも見られ一見明快なようだが、介助者が異性であることもしばしばあることから、男女の中間的な位置に設けることとなった。

デザイン

■多目的トイレの数と大きさの工夫

多目的トイレはターミナルビル内すべての旅客用トイレのゾーンに、1ブース以上3ブースまでを設けた。したがって一般トイレがなく、多目的トイレのみの設置となっているゾーンもある。また、2ブースを設置する場合は、左右の利き勝手に対応するレイアウトとし、加えて3ブース設置可能な場合については、前向きに座ることが容易な、鞍型の便器を採用することとした。

大きさは、各ブースとも電動車いす使用者が容易に回転できるよう、実質半径1,800mmのスペースを確保できるようにした。

写真1　鞍型の便器。鞍型の便器が便利な人やそれしか使いにくい人がいる

■ブース

ドアは手動のスライドドアとした。
ドアの有効幅は一般のトイレブースより100mm程広い、900mmを確保した。

■付帯設備や緊急通報ボタン

簡易ベッド、オストメイト(人工肛門、人工膀胱(ストーマ)使用者)対応の汚物流しを設置した。手の届きやすい位置に小さな荷物や、オストメイト関連材料、導尿や蓄尿の器具などを一時的に置くための、棚を設置した。

トイレの使用時に不測の事態で倒れ込むことがある。その場合、支援を求める手段を確保することが最も重要であり、床に倒れていても操作可能な緊急通報ボタンを設置した。ボタンの仕様はエレベーターのものと同じとなっている。

写真2　ブースは必ず左右対称に便器を設け、使い勝手を重視させた

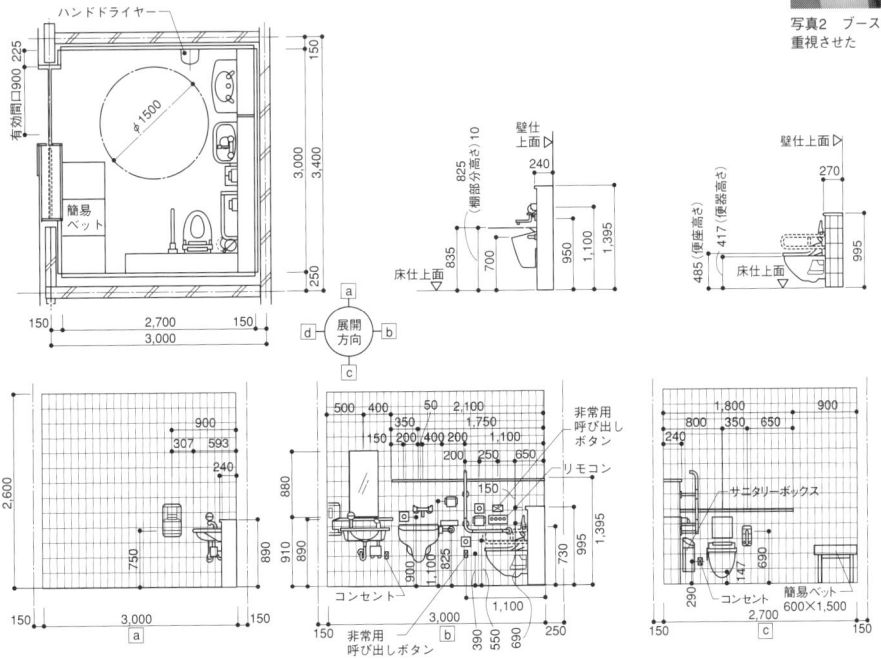

図　多目的トイレの寸法

トイレ［多目的トイレ］

プロセス

　一般トイレブースを、手動車いすでも使える大きさと仕様に統一することがほぼ決まって以来、多目的トイレに関しては、電動の車いす利用者やオストメイトにとって、いかに使いやすいかという観点に集中して、検討することができた。

■異性介助のため一般トイレより手前に、できるだけ複数設置

　異性が介助者の時、ためらいを感じやすいのがトイレの位置である。そこで多目的トイレは男女別ゾーンの手前に設けることを前提とした。また、多目的ゆえに利用頻度が高くなることが予想され、できるだけ複数設置することが検討され、衛生面からも男女別に設けるべきという意見がとくに女性から出されたが、左右勝手を優先させた。

■自動ドアをやめて引き戸に、戸当たりに子壁

　多目的トイレに自動ドアを設置する意見、要望もあったが、介助者のいる場合の開け方のタイミングや、誤操作による開閉が、利用に際しては少なからぬストレスを生じていることが判明した。介助者を同行する人がより障害程度の重い人と捉えた際の対応として、またUDへの取組みがコスト高になることを懸念することもあり、自動ではなく手動の引き戸（スライドドア）を採用した（写真3）。

　また、設計者の多くは、「納まり」をきれいにするという観点から、ドアなどの建具を部屋の隅にきっちりと納める努力をする傾向にある。ところが車いす使用者にとっては、壁側の足のステップが当たり、しばしばドアノブや鍵に手が届かない事態になる。取っ手や鍵の位置をドアの中央寄りにつけて操作性をよくする案も検討したが、正味の開口幅を減らすことにつながるため、結果的には戸当たり部分に子壁を設ける設計に変更することで対処することとなった（写真4）。

　工事途中段階では、一般トイレと多目的トイレ、洗面ゾーン、アプローチの通路も含めて、完成と同じ仕様でモックアップのモデルルームがつくられた。そこで検証実験が行われ、使い勝手の確認がなされ、最終的に工事内容に反映された。

■小物置きと簡易ベッドの設置

　トイレブース内で手荷物を置く場所に困った経験は、誰にでもあるだろう。車いす使用者にとっても、手の届くところに小物を置くことができずに困ることがある。またオストメイトや導尿の場合は新たに装着する器材、チューブ類、蓄尿ビンなど、さまざまな小物を置く棚が必要となる。棚がない場合には洗面の縁に置くなど、不安定かつ衛生上問題のある場所が使われていることがわかり、棚を設置することになった。棚からの落下防止も配慮した縁のある形状を検討した（写真5）。また、今まで多くの多目的トイレに用意されているベッドは、スライド式か壁収納式のものが多い。これらはブース内のスペースを利用するために開発されたものであり、有効であるが、使用後に放置されて格納されていない場合には、車いす使用者にとって障害となることがUD研究会の検討の経過でわかった。今回はスペースにゆとりがあるため格納式をやめ、小型の簡易ベッドを据付とせずに置くことで多くの利用形態に対応できることにした。また三方向から介助しやすいようにライニング（配管のための腰壁）を短くし、また仰向けの姿勢をとる人に配慮して直上に照明を設けないこととした（写真6）。

写真3　引き戸（スライドドア）

写真4　スライドドアの戸当たり。車いすでは壁際に寄りにくいことに対処。見落とされがちなポイントである

写真5　多目的トイレに設置された棚

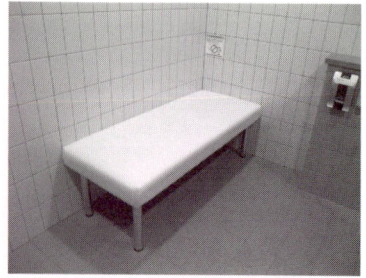

写真6　着替えをしたり休息をしたりするための簡易ベッド

■緊急通報ボタンの形状
　UD研究会メンバーが当時、高速道路サービスエリアの緊急通報ボタンが三角形に統一されるとの情報を得て、空港内のエレベーターやトイレも同じものを設置する方向で検討を進めていた。洗浄ボタンとの差をつけるため点字をつける、素材に変化をつける等の要望を行ったが、結果的にはエレベーターの部品を流用するかたちとなり、トイレ独自のボタンは実現しなかった。

評価と検証

　開港後、検討時から予想されていたことであるが、到着階など男女のトイレが離れて設置されている多目的トイレでは異性による介助が難しいとの指摘がなされている。男女が分散配置されている場合、多目的トイレも1ヵ所に限られているため別の左右の利き勝手がどこにあるかも認識しにくいと考えられる。

　また、モックアップ検証時から危惧された、多目的トイレの引き戸の重さは、やはり問題ありとして指摘されている。モックアップによる検証の際に、ドアを引くのに力が要る点を指摘されていたが、ドアの耐久性を確保するためには、多少重くなっても仕方がないと、UD研究会で判断した。今後、丈夫で軽い商品の開発が望まれるところである。

　また温水洗浄便座や除菌クリーナーの設置について開港後の要望に応える検討が加えられたが（→121ページ、一般トイレ参照）、温水洗浄便座は便座周辺に機器が配置されるため、便器を跨って使用する人へはバリアとなる。そのことは事前検証で確認したことを関係者の認識として共有されていたためか、多目的トイレには、利用者の支障のない位置に除菌クリーナーが追加されている。

　開港後増設された立体駐車場内のトイレでは、UD研究会で視覚障害者の使用に不適切とした非接触式の洗浄ボタンが採用されているなど、設備仕様に不統一が見られる。

写真7　便座の横に設置された除菌クリーナー（写真左端）

写真8　立体駐車場での新しいトイレ

トイレ［多目的トイレ］

対象	評価
車いす使用者（手動）	△　スライドドアが重い
車いす使用者（電動）	○　広い △　スライドドアが重い ※室内での運転に支障ない程の余裕あり。自動ドアを避けた
杖使用者	○
視覚障害者（全盲）	△　広いため空間の把握が容易でない ※単独利用を想定せず
視覚障害者（ロービジョン）	
聴覚障害者	○
内部障害者	○　オストメイト対応シンク、多目的ベッド ※挿管具、容器の洗浄は上水で、手荷物置き場
子ども連れ	○　着替え等が可能 ※ベッドにより対応可
外国人	ー
すべての人	○

（谷口　元）

UDをつくるキーワード────18

「見える」形になること

私が中部国際空港「セントレア」の建設に関わったきっかけは、2002年夏ごろ入所した授産施設が、空港会社からの委託業務でUD研究会の事務局業務をしていたという偶然からだった。
それは視覚障害者対応整備分科会が始まる頃だった。私は糖尿病による網膜症のために弱視であり、当事、施設職員で担当研究員だった森崎康宣さんに「君みたいな人を待っていたよ」と声をかけられ事務局員に誘われた。
私自身、見える世界から見えにくい世界へと生活環境が一変してしまい、街中の駅等で時刻表や料金表が見にくいことにジレンマを感じていたので、その自分が役に立つ、自分の想いをみんなに知ってもらえると思った。それで視覚障害者、とくに弱視者の環境が改善できるならばと、研究会の事務局員に加えてもらったのである。
それまで健常者と一緒に仕事をしてきた自分にとって、バリアフリーやUDは縁遠いことであったし、見えにくい人のなかでも見え方が人それぞれ違うということも知らなかったので苦労をした。暗い方が見やすい私は、弱視者が皆そうだと思っていたのだが、東京から研究会に参画されて出会った原利明さんは、逆に明るい方が見やすいと言う。そのように見え方が異なる人もいることを知り、それならばと自分は暗い方を好む立場として意見を出した。
とくにこだわったことは、エレベーターの緊急時の呼出しボタンと、壁や床などの素材や色調である。呼出しボタンは、見えるからこそつい押し間違えてしまう自らの経験から、弱視者が見えにくいと感じる色へ変更することを提案した。また色彩計画では、デザイン等による色の違いで段差や傾斜に見える床材が危険だと感じ、その見え方の違いを確認するために、いろいろな場所で検証作業を行った。工期の後半では、弱視者数名で工事中の旅客ターミナルビルで実際に使用される予定の床材を並べて、確認もした。他にもFISの表示デザインやエスカレーター、動く歩道の音声案内、動く歩道のモックアップなども実際の計画に基づいた確認作業を行った。それらを通して、自分が求めていた色や形や大きさになり、自分の目で見えるとテンションが高まり嬉しくなっていった。
これまでのバリアフリーは"業界側の理屈"的ノウハウでつくられ、対象も車いすや全盲者への対応する整備がほとんどだった。でもこの研究会では、さまざまな障害者、たとえば私のような、外見ではわからない障害者、弱視者や難聴者という中間的な障害者に対する整備がクローズアップされたことはよい機会だった。
セントレアが完璧なUDだとは思わない。しかし、他の空港や駅などに比べて、よりUD化されていると、胸を張って言える。私はセントレアが好きなのである。開港して2年が経ち、研究会の業務としては終息した。もはや用事も何もないけれど、今でも時々セントレアに出向くことがある。スカイデッキの先端で滑走路を背にターミナルビルを見ながら、建設途中から見てきたセントレアを思い返すのが好きなのだ。セントレアの建設に関われたことは、私にとって人生の足跡であり生き甲斐だった。そして研究会の事務局員で活動できたこと、それをとても誇りに思っている。

（UD研究会事務局担当、社会福祉法人 AJU自立の家 わだちコンピュータハウス／山口良行）

UDをつくるキーワード———— 19

各種障害者のたゆまぬ議論

中部国際空港のUD化の過程に、ほんの少しでも参加できたことを誇りに思っている。

2004年、機会あって名古屋に住むことができ、愛知県内の各種障害者団体の方達と中部国際空港のUD化のための会議等に参加した。いわゆる設計の段階から完成間近まで障害当事者がUD化に参画できたことは大きな一歩である。総合的な評価は本書で詳細に語られるだろうからそれに譲るが、長年、交通のバリアフリー化を障害者運動として取り組んできた者のひとりとして、はっきりと、ここ中部国際空港が国内の交通関連施設の建築物としては最もUD化に達していると評価している。

もちろん完璧ではない。いくつかの問題点を指摘することはできる。しかし、ここで私が評価するUD化の大きな指標とは、各種障害者のたゆまぬ議論と検討・参画の作用と影響と成果であり、それがハード・ソフト両面で中部国際空港に内包されているのを、空港を利用するたびに感じる。

折しも、2006年1月27日、不正改造問題で有名になった大手ビジネスホテルが、ちょうど1年後の2007年1月26日に、中部国際空港に隣接してホテルをオープンさせた。同ホテルによると、バリアフリー・ルームが13室設けられるという。ビジネスホテルレベルで、このようにバリアフリー・ルームの部屋数が多いところは、いまのところ国内のどの空港にもないだろう。

まだまだこれからも、ますますスパイラルアップして発展し、UD化していく中部国際空港に期待して止まない。

（UD研究会部会メンバー、DPI日本会議交通問題担当／今福義明）

水飲み機／喫煙室／自動販売機等

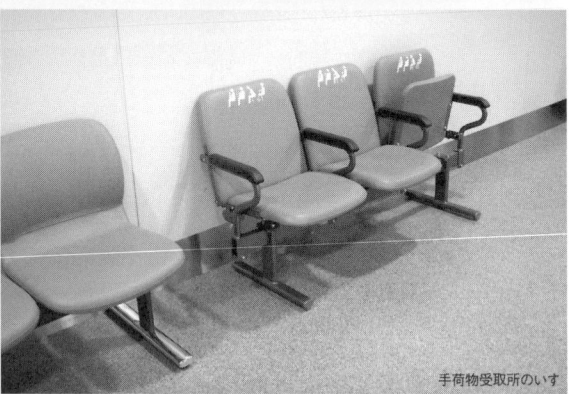

水飲み機

喫煙室

自動販売機

手荷物受取所のいす

コンセプトとデザイン　　既製品の使用とUD対応

■高さが異なる水飲み機、わかりやすい喫煙室

　水飲み機についてUD研究会では、数種類の既製品が設計側から提示され、車いす使用者が利用検証を行って選定した。既製品の仕様変更等は行っていない。高さが異なる2種類になっている。基本設計段階では部分分煙であったが、完全分煙で整備されたため、喫煙室が設置された。UD研究会では、喫煙室の所在がわかりやすいこと、吸煙機や灰皿の高さや色づかい、倒れにくさについて車いす使用者や視覚障害者から提案があった。ただ、多目的トイレと同様に引き戸の出入口扉が重いという指摘がある。また、飲料水やたばこ、旅行保険等、機器操作を要するものは、可能な限りUDに配慮した製品の導入を提案した。なお、コインロッカーの車いす使用者やロービジョン者への対応も検討テーマにはなったが、製品化されているものに限って導入された。

■いす

　広い空間では、待ち時間のためにもいす等の休憩スペースが必要である。色彩等に配慮することが狙いであったが、完成した結果は評価が分かれるところもあった（→87ページ、照明、写真4）。

　開港後、手荷物受取所ではいすが設置され、空港内で初めて優先席も設けられた。

（森崎康宣）

こども広場／授乳室／展望デッキ

こども広場 ・ 授乳室 ・ 展望デッキ ・ 展望デッキに設置された望遠鏡

| コンセプトとデザイン | 利用する子どもや保護者が障害者であることを考慮 |

■こども広場

　子どもの遊具を設置したスペース、こども広場を国際線・国内線共に、搭乗待合室内に設置している。UD研究会では利用する子どもや保護者が障害者であることを考慮した遊具やスペースが必要なことを指摘した。製品等の選択にあたって、UD研究会への確認段取りはなかったが、取り付きやすさや安全性には考慮されたと推測される。

■授乳室

　授乳室は一部を除き、ほぼすべてのトイレに併設された。母乳を与える女性への配慮と、男女によらない利用を両立するために施錠できる扉とした。UD研究会では授乳しやすいいすなどの要望はあったが、利用検証は実施しなかった。扉が重いことは多目的トイレと同様に指摘があった。なお、2・3階の案内所では、ミルク用のお湯（煮沸済み、60℃設定）を用意している。制限エリア内ではテナントに申し出ればお湯を用意する。なお開港後、2階到着ロビー内の授乳室のうち1ヵ所が救護室に変更されている。

■展望デッキに設置した望遠鏡

　基本設計段階で展望デッキは視界をさえぎるもののないオープンな空間として計画されていた。しかし、その後保安上の理由から柵を設けざるを得なくなった変更がUD研究会に説明された。目線の高さによっては視界をさえぎらざるを得ない。
　UD研究会はデッキに置く望遠鏡について、背の高さや車いす使用者にも配慮して、高さが選べるものとするよう提案し、そのように整備された。

（森崎康宣）

カウンター

3階総合案内カウンター

CIQエリア（税関）カウンター

筆記カウンター

| コンセプトとデザイン | 不慣れな人、困難な人への案内を得やすく。車いす使用者対応の徹底 |

■案内を得やすいカウンター

　非制限エリアでのチェックインカウンターなど、空港内のさまざまなカウンターは、それぞれの機能に合わせデザインされているが、幅木は車いすやカートの衝突防止を兼ねたデザインとし、天板の高さは高い方1,000mm、低い方750mmを共通としている。案内カウンターには、車いす使用者が寄り付けるカウンターを設け、視覚障害者用に天板面に触知案内図を組み込んだ。空港利用に不慣れな人や、情報入手が困難な人への案内を得やすくするため、工夫を行った。

■すべての案内所に

　すべての案内所で車いす使用者対応カウンターと触知案内図が設置された。UD研究会では実用を考えて、触知案内図は視覚障害者誘導用ブロックで導かれる案内所のみへの設置を求めていたが、空港会社側の判断で設置箇所が多くなった。また、触知案内図はカウンターの近くではあるが、別に設置される計画であった。触知案内図が提供できる情報の限界、仕様上の制約や認識できる視覚障害者側の実際の制約を判断すると、係員に説明を受けながら触知できることができるよう、触知案内図はカウンター内に組み込むUD研究会の提案に沿って調整された。

また、聴覚障害者が気軽に案内所を利用できるよう「耳マーク」のプレートを設置することとした。聴覚障害者への対応が可能であることを示す表示については、どのようなサインとするか聴覚障害者メンバーに選定をゆだねられ、長期間をかけて合意された。

■チェックインカウンター
　国内航空会社のチェックインカウンターには車いす使用者対応のものが増えてきており、UD研究会でも同様の整備が提案されたが、国際線ではカウンターの場所が固定しない計画であったこと、国内線では、カウンターは航空会社による整備であることから空港会社としての整備はできないとされ、結果、国内線1社のみが車いす使用者対応のカウンターを設けて開港した。
　なお、2006年12月の増設・移転に伴い、車いす使用者対応のカウンターが国内線2社に揃った。

■CIQエリアで初の車いす使用者対応審査台
　CIQ(税関〈Customs〉、出入国〈Immigration〉、検疫〈Quarantine〉)エリアのカウンターには、審査台を通過するときにクランクがなく、ストレートな経路とし、カウンターの高さを考慮したわが国で初めて車いす使用者に配慮した審査台が設置された(→28ページ、動線計画の考え方参照)。
　空港会社からの仕様の提案や意見調整が積極的に行われ、記載台を含め、1つひとつのカウンターで車いす使用者対応の要否が検討された。
　事務室等への旅客動線で扉の開口幅も800mmが確保された。
　なお、ロービジョン者への対応としては、書類記入欄の大きさや紙と机上とのコントラスト、手元照明をつけ明るさを選べることなども提案したが、実現していない。

(森崎康宣)

写真1　耳マークのプレート

写真2　航空会社のチェックインカウンター

UDをつくるキーワード―――20

「会議は夜踊る」の成果

2005年愛知万博のバリアフリー検討委員会に参加したご縁で、中部国際空港のUD研究会部会にも関わらせていただいた。研究会部会は、さまざまな障害をもつ人たちが集まり、議論を重ねてきたが、それぞれの立場があったがために屈折も少なからずあった。そのたびにお互いが意見や代案を出し合ったりして、議論は夜遅くまで続き、家に帰り着いたのが真夜中ということもざらだった。そうして「会議は夜踊る」によって、聴覚障害者のみならず、障害者全般のバリアフリーが大きく前進した成果があったと思う。

私は聴覚障害者の立場から提案を出してきたが、研究会におけるテーマとなったのは、空港構内の設備や、空港から都心部までの交通アクセス。まず、空港の玄関とも言える案内所には、聴覚障害者が安心して入れる文字表示、車いすのマークと同じような聴覚障害者を表す「耳マーク」の表示、コミュニケーションがとれるように筆記具や手話通訳者を設置、手話通訳者がいないところでの対応は電話リレーサービスを提案した。交通アクセスにおいては、都心までスムーズに行くことを可能にするためには何があると便利か？　エレベータに閉じこめられてしまったら？　券売機がある駐車場の開閉が作動しなくなったら？……など、あらゆる場面を想定し、対応を協議した。これまで他の障害者とあまり接することがなかった私は、この研究会部会のなかで、車いす使用者にとってのトイレスペースや扉の開閉、手洗いの高さ、ちょっとした段差の困難、目の見えない人にとっては、歩道の蛍光灯の色や設置でかなり見え方が違うことや、洗面所にある自動出水の強弱の違いに戸惑うこと等、それぞれの障害によって起こる困難を多少なりとも理解することができた。また、それらの困難を解決するための建物設計や、交通機関等、それぞれの専門分野の方々のご苦労も計り知れないものであったろうと推察する。

開港後、見学に行ったが、私としてはとても満足している。聴覚障害者の意見を取り入れたところが随所に見かけることができ、非常に嬉しく思った。空港カウンターはもちろんのこと、インフォメーションにも耳マークが表示されていて、その隣に筆談機が置いてあったし、試しに警備員に尋ねたところ、メモに書いて説明してもらえた。レストランでは、メニューを復唱するときにそれぞれ商品を指して確認してくれた。これほどに万全なバリアフリー対策が施されている空港は他にはないであろう。国内ばかりでなく、海外からの聴覚障害者の方にも利用しやすい空港だと思う。まさにバリアフリー空港だ。このUD研究会部会に約2年半所属し、いろいろな方とお知り合いになれた。このUD研究会部会で培ってきたことは、私にとって大きな収穫であり、今後、活動を続けていく上でもきっと役立つものになると信じている。

(UD研究会部会メンバー・聴覚障害者対応分科会司会、
NPO名古屋難聴者・中途失聴者支援協会理事／高木富生)

UDをつくるキーワード ―― 21

費用対効果

時代を経て、「バリアフリーや障害者対応は建設費が高くなる」という声はあからさまには聞こえなくなった。法律や条例の整備による背景もあり、事業者には費用負担になるものの、高齢者や乳幼児連れを迎えることはコストに見合う効果として見込まれるからこそ整備が進んでいるのであろう。

さて、中部国際空港でつくられたUDに対するコストはどうだったか？

まず、コスト増といえる設備。動線では、エレベーターの大型化、動く歩道の広幅員化が大きなところであった。車いす使用者への利便を考えて小荷物用エレベーターを2または3ゲートに1基の割合で追加もした。火災報知と連動したFISモニター表示はシステム変更が必要だっただろう。トイレの全ブースで両側手すりをつけ、火報連動のフラッシュランプ、幅広の折れ戸としたことは数が多いだけに影響があったはず。もちろん、これらは一部の人のための投資ではなく、多くの空港利用者に対する処理能力や快適性等の向上、好評価につながるところも多い。

一方、コスト減となった設備については、動線では、立体駐車場連絡通路の動く歩道の数を減らした。これには平面駐車場での障害者用駐車スペースの配置を調整して対応した。情報関係では、視覚障害者が誘導されないところに触知案内板は不要との提案で、その数を減らし、FISの形式をプラズマ式から液晶式に変更した（ただしこれは、製品選択当時の仕様比較によるものである）。トイレでは、車いす使用者の使用に支障があるため、シャワー式便座と除菌スプレーを不採用とし（開港後に一部では追加されている）、サポート計画と静粛さへの対応から音声案内も不採用とした。また、運用時の負担ともなる照明の減（→88ページ）等も挙げられる。これらを具体的に数値で示せないのが残念である。

とはいえ、換算できないコストもたくさんある。UD研究会との協議で設計や設備を見直した時間や労力は相当の負担のはずだ。だが、そこで行われた製品開発――腕力の少ない手動車いす使用者にも乗降できるパレット式の動く歩道、幅広のトイレ扉、メーカー2社で共通の仕様となった点字表示を施したトイレフラッシュボタン等は他の施設整備に用いることができるだろう。それにも加えて国内で代表的なUD施設となったことによる宣伝効果、高齢者や障害者団体も遊びに来る観光収入対象の幅広さも積極的にプラスできる。

今回、換算することはできなかったが、UDは善意の協力やボランティアだけでは成立しない時代にさしかかってきているといえよう。今後はUDの評価項目に、費用対効果を数値示すことも必要になって来るにちがいない。

（森崎康宣）

UDをつくるキーワード────22

AJU自立の家と中部国際空港

私たちは、1973年に車いすの仲間達によって「愛知県重度障害者の生活をよくする会」を結成し、それから福祉の街づくり運動に取り組んできた。当時は200万大都市である名古屋市内に、車いすの私が利用できるトイレがどこにもないという時代だった。

その延長線で、中部国際空港を創設するというニュースがマスコミを賑わした時、「AJU自立の家」は街づくりコンサルタントとして名乗りあげた。当初ボランティアでということだったが、愛知工大の曽田忠宏先生に応援して頂いたおかげで、空港会社と話し合い、業務委託を受けることとなった。なぜAJU自立の家なんだ？と言われることもあり、苦労があった。この点も曽田先生が各所へ説得して頂いた。先方も納得してもらい、やっと認めてもらえた。

国家プロジェクトとして、初めて障害当事者団体が、街づくりコンサルタントとして認められ、契約をしたのだった。

そしてAJUでは、UD研究会の下に「移動」と「情報」の二部会をつくる提案をした。そして竹内伝史先生に座長をお願いした。最初は忙しいからと断られたが、でも長年名古屋市の福祉の街づくり委員会でご一緒させて頂いた縁もあり、説得が功を奏した。条件が付いた、副会長を付けて欲しいと。かの曽田忠宏先生にお願いし、快諾を得た。2000年4月のことだ。

研究会は、予算がないということで二部会を合同で行った。部会長は私が担い、部会には中部国際空港の名に相応しく、東京や大阪も含め東海4県の障害者に声を掛け、障害当事者の参加をお願いした。私たちのプロジェクトのコンセプトは、当事者が担うコンサルであること。専門家には私たちのサポーターをお願いし、いわゆる車の両輪で仕事をしていくというものだった。

印象に残っているのは、第1回目の研究会で、障害者側から日頃のバリアへの不満が一気に噴き出してしまったこと。会議の後、空港会社から「これではまとまらないよ」とお叱りを受けた。しかし、「それをまとめていくのが研究会だし、AJUの仕事です」「大丈夫ですから任せてください」と説得したことは、懐かしい思い出である。

（社会福祉法人AJU自立の家 常務理事／山田昭義）

2章　ユニバーサルデザイン・ディテール

4　ホスピタリティ・サービス

コンセッション（飲食・物販施設）　　　　　134

ホテル　　　　　136

ソフト　　　　　142

コンセッション（飲食・物販施設）

コンセプト ガイドラインの設定

　中部国際空港では、新しい空港商業施設をめざし、航空旅客のみならず、空港に遊びに来る人が買い物や飲食を楽しめるよう、さまざまな店舗があり、その配置も建物のなかの街並みをイメージした空間構成となっている。

　ハートビル法や自治体の条例により、新築建物自体にはバリアがなくなる傾向にある。にもかかわらずその中の飲食店や物販店等ではテナントの工事や商品配置により、車いす使用者が入場できない店舗が依然として珍しくはない。重ねて視覚障害者や聴覚障害者からの要望事項も整備に反映させたい。

　中部国際空港ターミナルビルのUDをめざすには、テナントの協力を得ることも必要であり、出店希望を損なわないこととのバランスにも配慮して店舗設計のガイドライン（→137ページ）を空港会社とUD研究会で協議、作成した。

　なお、店舗からいくつかピックアップをして店舗設計図を検討することもUD研究会は提案したが、工期の都合が主たる理由で、検討が実現した店舗は入浴施設だけであった。また、通路床材の色づかい、乱貼りとするときの表面仕上げや目地とのわずかな段差の処理については、設計者の意向を尊重しながら調整作業が行われた。

（森崎康宣）

■「ユニバーサル・デザインの推進のためのご理解およびご協力のお願い」(出店者への提示文書)

中部国際空港株式会社および当商業施設に於きましては皆様が利用しやすい商業空間を現実的な視点で検討していくため、相互理解と社会的合意を得ながらユニバーサル・デザインを推奨しております。

ご出店者各位につきましてもご理解ご協力いただけますよう何卒よろしくお願いいたします。

○基本概念――ユニバーサル・デザインとは

1974年、ロナルド・メイスによって国連障害者生活環境専門家会議で使用された「バリアフリー」環境の概念が元となっております。

(4) ユニバーサル・デザイン

ロナルド・メイスが提唱したもので、以下のように説明されています。

「簡単に言って、できうる限り最大限、すべての人に利用可能であるように製品、建物、空間をデザインすることを意味する」。(by Ron Mace)

「能力あるいは障害のレベルにかかわらず、ほとんどの人が利用できるような環境の要素に関連している。これはすべての要素と空間が、すべての人々にとってアクセシブルで利用可能であるべきことを意味する」。(by Ron Mace)

「できるだけ多くの人によって、できるだけ利用できるように、できるだけ多くの環境をつくることを意味している」。(by Jim Mueller)

これらを整理して図示すると、以下のようになります。

ユニバーサル・デザイン
　アクセシブル・デザイン(バリアフリー・デザイン)
　アダプティブ・デザイン(アジャスティブ・デザイン)
　トランスゼネレーショナル・デザイン
　(ライフスパン・デザイン)

これらは、もともと建築分野の概念であるが、最近では他の分野への広がりも見られ、また、現在は「ユニバーサル・デザイン」を理想としつつ、「バリアフリー・デザイン」の観点で実績を積み上げていこうとする傾向にあります。

○店舗設計における基本原則について

[ユニバーサル・デザインの7つの原則]

原則1:誰にでも公平に利用できること。
原則2:使う上で自由度が高いこと。
原則3:使い方が簡単ですぐ分かること。
原則4:必要な情報がすぐに理解できること
原則5:うっかりミスや危険につながらないデザインであること。
原則6:無理な姿勢をとることなく、少ない力でも楽に使用できること。
原則7:アクセスしやすいスペースと大きさを確保すること。

[デザインルール]

1. 通路段差およびスロープの排除について

段差およびスロープが極力発生しない設計を心がけてください。

やむを得ずスロープを設ける場合は勾配1/12以下としてください。

2. 床使用材料について

床材として毛足の長い絨毯、玉砂利、飛び石等に関しては歩行の障害となる場合があります。危険防止のためデザインを考慮してください。

また、石材の磨き仕上げまたは滑りやすい素材に関してはなるべく使用を控え、やむを得ず使用する場合は防滑処理等を施してください。

床パターンに関して、W30mm程度のストライプ状でコントラストの強いものは段差と誤解される場合があります。

またW300mm程度のストライプ状でコントラストの強いものは階段と誤解される場合があります。

必要以外の歩行者への警戒心を与えないためのデザインを心がけてください。

3. 通路幅員について

車椅子が通行できなおかつ人が自然に通行できる幅員として原則1,200mm以上確保できるよう心がけてください。

[参考寸法として]

・車椅子で通行できる寸法:90cm以上
・人が横向きになれば車椅子とすれ違える寸法:120cm以上
・車椅子と人とがすれ違える寸法:135cm以上(後略)

ホテル

| コンセプト | 空港ターミナル直近のホテル（中部国際空港セントレアホテル） |

　「セントレアホテル」はアクセスプラザを介してターミナルビルと直接つながるホテルである。その必要性から、基本設計当初より計画されていた。
　とはいえセントレアホテルと空港とは経営主体が異なるため、UDへの取組みが若干遅れ気味となり、UD研究会のメンバーが設計内容について提言できる体制が整ったのは、実施設計段階の途中からとなった。しかし幸いにもホテルの設計コンセプト自体に、従来のホテル以上に水回りなどにゆとりをもたせ、宿泊客にくつろいでもらうという点に重きをおいていたため、トイレやバスの改良が可能となった。
　ホテル案内のホームページには、ターミナルに直結したホテルとして、次のように書かれている。
　「利便性と快適性を兼ね備えたユニバーサルデザイン設計、訪ねる方をやさしくお迎えする、安心とゆとりある空間をご提供致します」
　ターミナルビルと同じく、顧客を迎える中心的経営コンセプトにUDを位置付けていることがよくわかる。

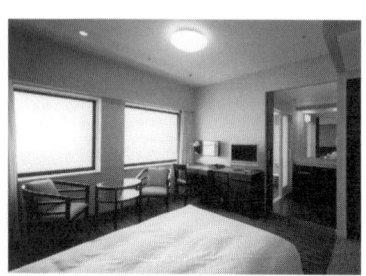

写真1　電動車いすで利用できるゆとりある客室（奥は洗面・バス）

デザイン

空港ターミナルや交通機関から客室まで、まったく段差がなくバリアフリーで到達できる。また客室も、一部の部屋を除きバスやトイレも含めて原則的に段差がなく、手動車いすでほぼ全室利用可能な点が特筆される。

■電動車いすで利用できる客室

図1のような客室が設けられ、ベッド周りから水回りまで完全にフラットな移動を可能にした。電動車いすで十分利用可能である。客室内の扉は各所にアプローチしやすいよう改良され、折れ戸や引き戸が用いられており、大きく開くことができる。

バスタブの横には移乗用の台と手すりも設えられているほか、客室内の洋服掛けも、車いすに乗ったままレバー操作で手元に引き寄せることができる。

この客室は各階に分散して設けられている。また左右対称の部屋もあるため利き勝手にも対応でき、利用希望が集中しても対応が可能である。

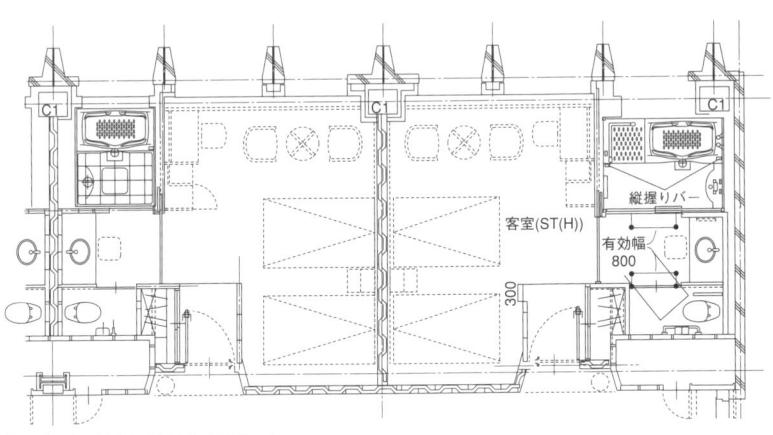

図1 車いすでの利用に対応したツインルーム

写真2 段差のないトイレ

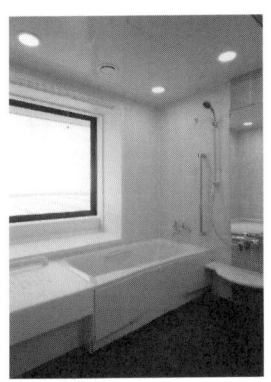

写真3 車いすで最接近できるよう窪みをつけた側面

写真4 台のあるバスタブ周り

■多様な障害に対応

ドアのノック時や電話着信時に点灯で知らせる等の聴覚障害者対応の装置や、車いすに座ったままドアスコープを覗ける装置などは、フロントに常備し、希望者に貸し出すなどで対応することとなった。

浴室のシャンプー類はUDシール(B.S.R.)で識別に配慮した(写真5)。

客室階の通路の床仕上げは、中央部と壁際の隅部で変化をつけ、ロービジョン者の視認性を向上させている。また客室入口部分はアルコーブ状に奥まったスペースが設けられているため、客室入口の位置がどこにあるかが、視覚障害者にも認知しやすい効果がある。部屋番号は浮き出し文字と点字で表記した。

客室テレビは文字放送を提供し、館内案内を字幕付きとした。また文字による火災報知は強制放送となっている。

また、客室内の茶器等のアメニティは、場所を選べるように、可動するワゴンに収められている。

エントランスロビー階では、車いす使用者のチェックインに対応するために、フロント横のアシスタントマネージャーデスクを用いることとなった。このデスクには空港ターミナルビルと合わせて聴覚障害者への対応が可能な旨を示す耳マークのプレート(→131ページ、写真1参照)も置かれ、手話通訳が可能なスタッフが勤務する体制でオープンした。

写真5 UDシール(B.S.R.)を貼付したシャンプーボトル等

ホテル

プロセス

　UDの検討は、当初は空港ターミナルビルの各所と交通アクセスとの結節点などに集中し、ホテルは運営組織も空港とは異なること、また建設着手も後になることから、図面を交えての打ち合わせが後の方となった。しかしながら空港に直結したホテルであるという利点と、空港会社からの働きかけもあり、UDを設計に盛り込もうとしたセントレアホテルの姿勢は積極的であった。

　小さなものとしては一般家庭用では普及しているシャンプーボトルのUDが、業務用ボトルにないことがわかり、UD研究会事務局経由でUDシールが採用された。ホテル側の熱意もさることながら、商品開発との協調は、UDを進める上で不可欠であることを知らされた。

　たとえば、客室内スイッチ高さの変更が間に合わなかった事情もありながら、当初普通のホテルと同様の設計がなされていたロビー階の水回りが、協議の結果できるだけターミナルビルに準じた設計に変更された等、可能な変更が実現できた。

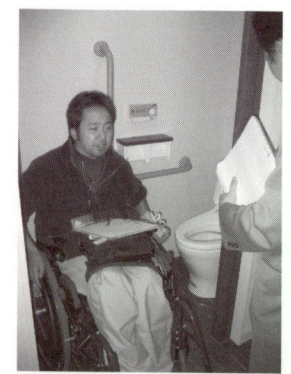

写真6　客室トイレの検証

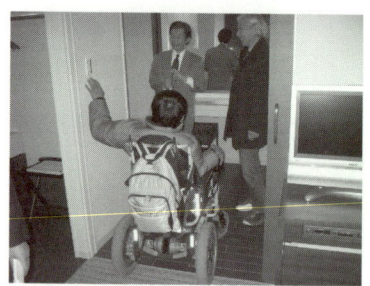

写真7　スイッチ類の検証

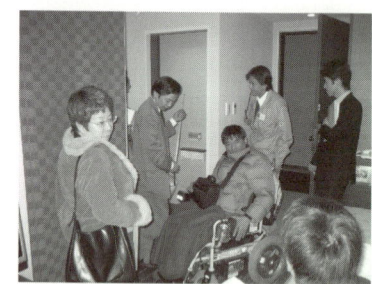

写真8　電動車いすでの移動の検証

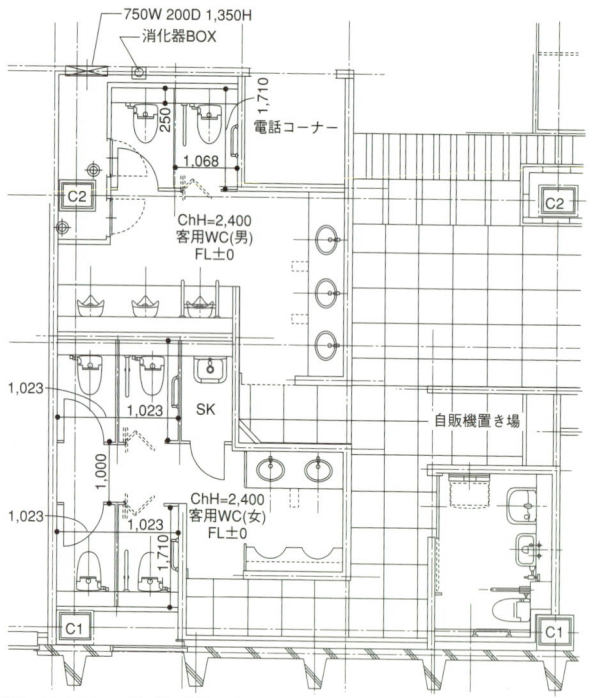

図2　エントランスロビー階の水回り。空港施設に準じた設計に変更

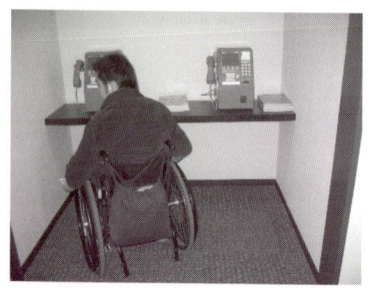

写真9　電話台の検証

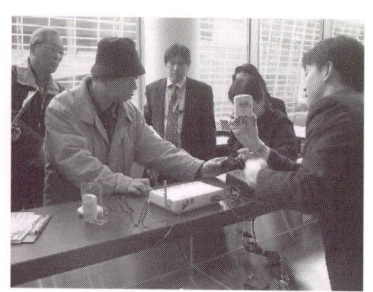

写真10　視察する視覚障害メンバー

評価と検証

　日本の多くのホテルが、水回りユニットを床に据え付けるタイプで設けられているため、多くは客室のレベルよりも一段高く、かつ敷居が高い。一方諸外国のホテルはシャワー主体で面積にゆとりがあることもあり、段差や敷居は少なく、ドアも広めである。外国旅行で不便を感じることが少ない歩行障害者が、むしろ国内旅行で苦労するゆえんである。

　セントレアホテルの経営コンセプトには、「お客様にゆとりと安らぎを提供する」という観点があり、浴室をゆったり確保し窓を開け、トイレや洗面とスペースを分けるという設計方針から、家庭用に近いユニットが採用され、段差のない水回りが実現した画期的な事例となった。

　なお、図1の客室照明のスイッチ高さはUD研究会との検討過程では変更できないとされたが、施工視察時に変更が約束され、開業直前にカードキーホルダーと共に位置が下げられた経緯がある。

　しかし、客室エリアの廊下の照度は低く、ロービジョン者には客室番号の発見が難しいところもある。

　オープン当初から稼働率の高いホテルとして運営されていることをとくに付け加えておきたい。

ホテル

対象	評価
車いす使用者（手動）	○　ほとんどすべての部屋に段差がない ○　トイレに手すり設置
車いす使用者（電動）	○　ほとんどすべての部屋に段差がない ○　介護者とドアで連続する部屋を選択することができる
杖使用者	○
視覚障害者（全盲）	○　スタッフによる対応、事前音声案内あり
視覚障害者（ロービジョン）	○　スタッフによる対応、事前音声案内あり ○　廊下と壁際のコンストラクト、ドア周りのアルコーブの工夫 △　客室階廊下が暗い
聴覚障害者	○　ドアホーンの視覚化装置の貸し出し
子ども連れ	－
外国人	－
すべての人	○　ほとんどすべての部屋に段差がない △　客室のドアが防火戸のため重い

（谷口 元）

UDをつくるキーワード────23

ホスピタリティ

「ホスピタリティ」とは、もてなしという意味である。館主が旅人にワインとパンと温かいスープ、やわらかくて清潔なベッドでもてなすという、十字軍遠征の頃を起源とする言葉であるそうだ。これまで空港というのは、出発、到着、乗換えといった交通機関としての機能面が重要視されていたが、長旅の旅客のストレスを減らしたり、安らぎを与えるといった面での整備が遅れていた。

中部国際空港は、鉄道や車などの交通機関との連絡が近くてスムースで、通常の利用形態では段差を越えずにアクセスでき、そこから空港へ入る動く歩道も気持ちよく乗れる。

空港へ入れば、出発・到着の動線が明確に分かれており、それに伴うサイン計画を行った。トイレなどのユーティリティもUDの配慮とともに、ゆったりとしていて快適である。ハードの取組みの他にたとえば搭乗の間、格納されていた自分の車いすは、降り立ってエプロンに向かうとすでに乗れるよう用意されている。

そうした利用上の機能面に加え、最上階には和洋東西の店が立ち並ぶ、空港の常識を覆すさまざまな商業施設があることはすでに有名だろう。おまけに露天風呂までも楽しむことができる。広い屋上の木製デッキに出れば、飛行機の飛び立つ先に豊かな伊勢湾と鈴鹿連峰を望める。こうした、空港の機能面以外にも楽しめる要素、ホスピタリティをつくり出したことは、中部国際空港の特筆すべき特徴である。

UDを実現する取組みが、結果として多くの旅客のストレスを減らし、満足感をもたらすことにもつながる。逆にいえば、空港を利用するすべての人のために積み重ねたちょっとした「もてなしの心」が、UDにつながっているともいっていい。

(谷口 元)

※2005年、ACI(国際空港評議会)およびIATA(国際航空運送協会)共同監修国際空港評価AETRAでは、中部国際空港が開港1年目より第1位の表彰を受けた(500万〜1,500万人の旅客数規模別、2006年3月6日、ACI主催アラブ首長国連邦アブダビ世界大会にて)。さらに2007年3月16日、ACIドバイ世界大会にて2年連続第1位表彰を受け、快挙を続けている。

UDをつくるキーワード────24

自立支援ビジネスへ

愛知県は、かねてから「人にやさしい街づくりの推進に関する条例」を制定し運用してきた。その条例の改正にあたって、中部国際空港のUDや愛知万博の経験を活かし、限定的ながら障害当事者からの意見聴取が、努力義務として盛り込まれた。おそらく世界的に見てもこのような法制化は初めてであり、このたびの試みに県が参画したことによって、この地であればこそ実現した、希有な例と思う。

中部国際空港のUDの取組みで、空港会社が社会福祉法人「AJU自立の家」に業務委託を行ったことは、従来、学識経験者や専門家を中心に委員会が構成され、事務局が用意したシナリオに沿って審議するという慣例とは異なり、当事者自身が主体的に参加する機会が提供され、真摯な協議の末に要望を組み入れることができたことに価値がある。その試みの正しさを県の当事者が認識することで、上記の法制化が進められたのだろう。

その後、AJUにはいくつかの企業や自治体から、UDやバリアフリーに関する調査や提案の依頼が多く持ち込まれている話も聞く。授産施設の業務は、誤解を恐れず言えば地域社会の底辺の生産を下支えするという業態という面もあった。一方でUDの実現というテーマはむしろ、地域社会の先端的な目標を担うものとして位置づけることができる。障害当事者がボランティアでなく、業務として携わることができるようになれば、自立のための糧の1つとなるのだろう。　　　　　（谷口 元）

ソフト

写真1 揃いのベストを着るボランティアスタッフ

写真2 聴覚障害者の対応を準備していることを示す耳マークの掲示（中央）

コンセプトとデザイン

　空港会社ではCS（Customer Satisfaction）向上の観点から、接遇やそのための研修を行っている。

■介助対応
　航空機を利用する出発旅客の障害者・高齢者等介助・手伝いを必要とする方を対象に、各アクセス交通のおりばからチェックインカウンターまでアシストするサービスを行っている。

■筆談対応
　聴覚障害者が気軽に声を掛けることができるよう、各案内所には耳のシンボルマーク（→131ページ、写真1参照）と筆談ボードを配置している。

■空港初のボランティアの導入
　空港利用者に対して空港の施設案内を行うために、開港当初から、日本の空港で初めてセントレアボランティアを導入しており、2006年9月時点では140名程度のボランティアがいた。
　これはおもに外国語のサポートをする目的であり、地元地域の国際交流協会の会員

から募っているため、英語、中国語、ポルトガル語などの9ヵ国語の言語に対応できる。
　活動中は、ボランティア専用のオレンジ色のベストを着ており、案内所やの警備のスタッフと連携をとりながら、セントレアの世界各国からの利用者に対して、地元地域からの「おもてなしの心」を発信する役割を担う。
　これはUD研究会打合せで、韓国仁川（インチョン）空港や、さいたま新都心でのボランティアの活躍を紹介した経緯と軌を一にする取組みといえる。

写真3　点字パンフレット

■点字パンフレット
　目の不自由な方向けに点字パンフレットを用意している。事前に空港の情報を理解できるよう、開港前に東海3県の身障者団体宛に送付している（→112ページ、事前情報提供参照）。

■ウェブ上での音声読み上げ対応ページ
　目の不自由な方向けに、ウェブサイトの情報を音声で読み上げる機能をもたせた。また、高齢者や色覚障害者向けに字を大きくしたり、色を変更したりすることもできる（→112ページ、事前情報提供参照）。

写真4　大文字のパンフレット

■大文字のパンフレット
　開港1年後、空港内のUD施設等紹介パンフレット作成時に、文字の大きさと背景色についてロービジョン者に見やすいパンフレットが同時に作成された。ロービジョン者による仕様確認を経ている（→112ページ、事前情報提供参照）。

■電動カートの利用
　アクセスプラザ中央部の案内カウンターに、電動カートが配置されており、申し出れば利用ができる。

写真5　電動カート

（森崎康宣）

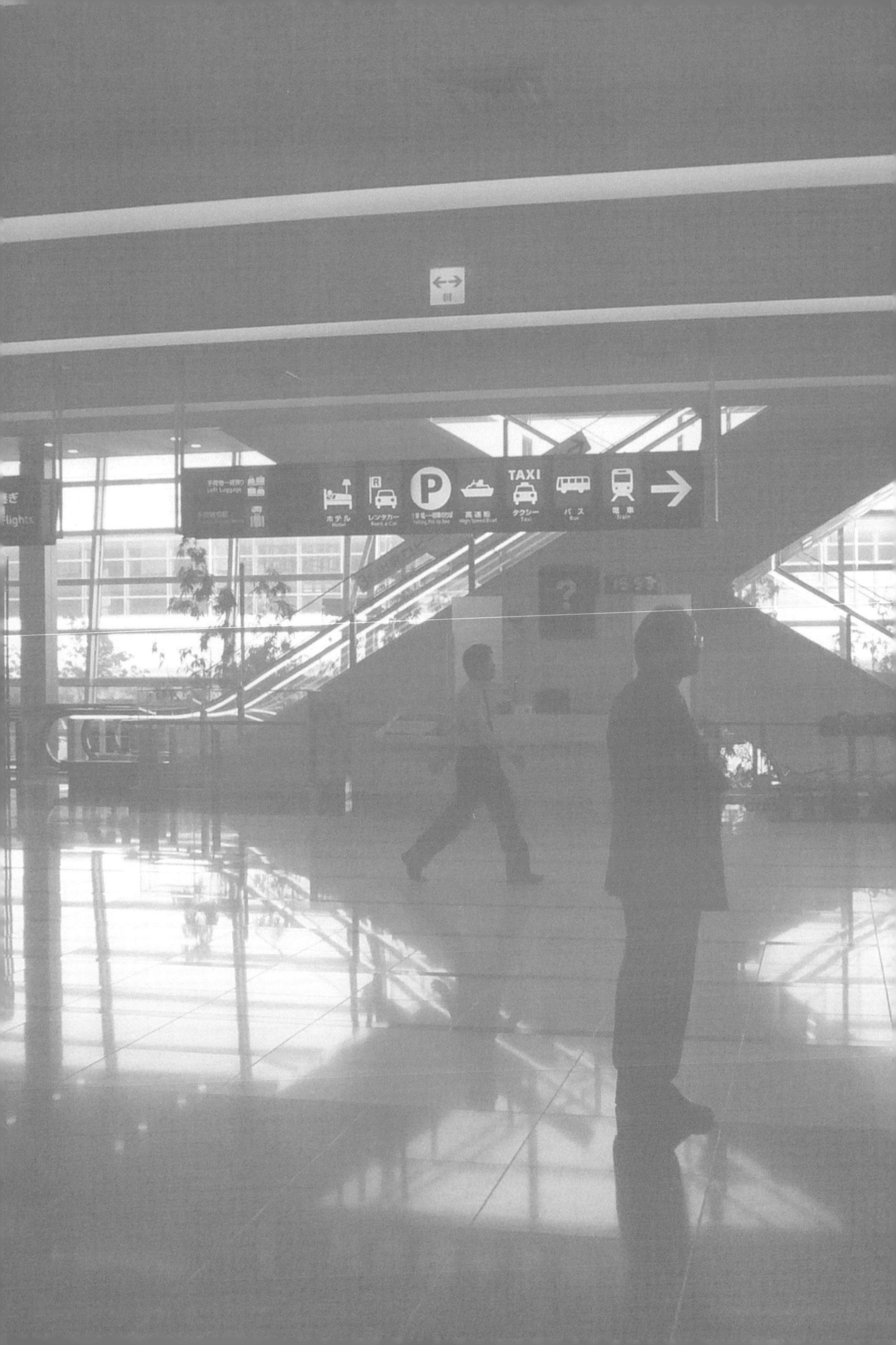
TAXI
ホテル
レンタカー
高速船
タクシー
バス
電車

おわりに

　ユニバーサルデザイン（UD）については以前から関心をもち、必要性を感じていながら実践する機会になかなか巡り合いませんでした。ものづくりの研究者が障害のある皆さんとともに現実のプロジェクトに参画するという貴重な機会を得たことにまず感謝したいと思います。そこで痛感したのは、建築の設計や施工、設備機器の商品開発を手がける専門家たちが、標準や基準という既成の知識体系のなかに拘泥し、じつはユーザーにとって本当に使いやすいのかという本質を見失いつつあることでした。

　たしかに、安全安心のものづくりを実現するためには標準・基準を満たしていなければなりませんが、単に満たしておればそれですべてよしというものでもありません。国際空港という、地域のみならず、わが国の将来に大きな影響を及ぼすであろう巨大プロジェクトにおいて、障害当事者の参画によりさまざまな意見を反映したUDが、設計者、施工者、設備メーカー等の技術力の向上により実現できたことが何よりも大きな成果だと思います。

　少子化と高齢化は今後の日本社会で避けて通れない状況です。今こそ、人々が安心して暮らし、子供を産み育て、年をとってもあるいは障害をもっていても、外国人であっても、社会生活を維持することができるといった国土・地域環境をつくり上げることが重要です。ですから、空港建設におけるUD実現の試みも、単体の施設での取組みとして終わるだけでなく、障害の有無や老若男女、人種国籍を問わず社会参画できる環境を整えるときの重要な概念としてUDを普及させる、ひとつの礎になることが最も重要なゴールだといえるでしょう。

　本書は、開港後2年以上の歳月が経てからの出版となりました。もちろん早期の刊行が関係者の間で検討されていましたが、開港直前ギリギリまでのさまざまな検討が精力的に実施されていたこと、また、開港後も旅客の動向や利用者からの要望に対して空港会社やアクセスする交通事業者などが真摯に対応して、追加、変更が繰り返されたことから、皆の努力により実現化できたUDではありますが、それを落ち着いて評価する機会を待っていました。ようやく時期が訪れ、出版の運びとなりました。

　開港後に変更や追加された内容についても本書で触れております。それらはUD研究会の議論のなかで検討はしたものの開港時での実現を見送っていたもののもあります。開港時の設備内容や運用システムを変更したものもあります。ですがそのことを取り上げて「UD研究会での検討不足」と捉えてほしくありません。

　UDの考え方には一度決めたことを変更してはならないということはありません。むしろ、新たな知識・経験を取り入れてさらなる成長を目指すという姿勢が重要です。もちろん、よい「もの」をつくるだけでなく、その利用方法やそれを利用する人々の成長も必要なのです。「ものづくり」のUDから「仕組みづくり」のUD、「こころづくり」のUDへと発展していくことが望まれます。その意味では、セントレアは順調に育っている最中にあるといえるでしょう。

　本書の出版にあたり、多くの方々のご協力を頂きました。監修ならびに貴重な資料をご提供頂いた中部国際空港株式会社の関係者の皆様に厚くお礼を申し上げます。とくに、空港施設部施設計画グループ（当時）の谷口雅人氏には本書の企画段階からご支援を頂きました。後任者の若泉賢治郎氏には開港後の状況について貴重なご示唆を頂きました。日建設計の赤司博之氏、冨田彰次氏には設計内容の変遷過程の確認に関してご協力を頂きました。

　そのほか空港プロジェクトに関係する各社関係機関、書ききれないほどの多くの方のご協力を頂きましたことを改めてお礼申し上げます。

　本書の編者には、UD研究会に関わった4名が名を連ねておりますが、もちろん、UD研究会におけるさまざまな人々による厚い活動の積み重ねという成果があったからこそ、本書を取りまとめることができました。竹内伝史座長はじめ、関係諸氏に感謝の意を表します。

　最後に、執筆の遅い著者たちに対して粘り強く励ましの言葉をかけていただき、また、複数の関係者間での調整の労を惜しみなく尽くされた鹿島出版会の久保田昭子氏に心より感謝の意を表します。

2007年6月　筆者一同

図版・写真出典

数字はページ数を示す。
特記なきものは、すべて中部国際空港株式会社提供による。

21、34〜37、70写真2、71写真4、72、73写真9、10、14、75写真2、4、5、7、76〜77、80上、81写真3〜6、84、
　87写真6、90写真1、91写真3〜6、98写真10、103写真1〜3、119写真1、125写真8、128右下、129左上、
　右下、130右下、131写真2、139写真5、140写真10、144写真1、2——森崎康宣
42、44、61写真2、62写真4、7、66——磯部友彦
88図1——原 利明
119写真2、図1、120、121、124、138上、139写真5、図1、140写真6〜9、図2——谷口 元
138写真1、2、139写真3——SS名古屋
104写真5〜7——社会福祉法人 AJU自立の家 わだちコンピュータハウス
12左、43、73写真——鹿島出版会

執筆者紹介

監修者
中部国際空港株式会社
CENTRAL JAPAN INTERNATIONAL AIRPORT COMPANY, LIMITED
愛知県常滑市セントレア一丁目1番地

編著者
谷口 元（たにぐち・げん）
1949年愛知県生まれ。74年名古屋大学大学院工学研究科修士課程修了。INA新建築研究所、大同工業大学および名古屋大学助手・講師、椙山女学園大学生活科学部教授を経て、95年名古屋大学大学院工学研究科教授、現在にいたる。医療・福祉・教育施設、街づくり、UDにおもに取り組む。工学博士、JIA登録建築家、一級建築士。

磯部友彦（いそべ・ともひこ）
1955年愛知県生まれ。80年名古屋大学大学院工学研究科博士前期（土木）修了。名古屋大学助手、群馬大学助教授、中部大学助教授を経て、07年より中部大学工学部都市建設工学科教授。交通バリアフリー、地域交通政策に取り組む。著書に『都市交通のユニバーサルデザイン』（共著、学芸出版社、2001）等。工学博士。

森崎康宣（もりさき・やすのり）
1957年愛知県生まれ。名古屋大学卒業。社会福祉法人AJU自立の家を経て、株式会社連空間設計取締役。津村俊充・山口真人編、南山短期大学人間関係科著、『人間関係トレーニング』（1992年、ナカニシヤ出版）「ユニバーサルデザインの空港は実現したか」（2005年、C&D）に執筆、論文に「ものづくりへの障害者参加、その考え方(1)～(3)――中部国際空港での経験から」（日本福祉のまちづくり学会、第6～8回全国大会）等。

原 利明（はら・としあき）
1964年東京都生まれ。日本大学大学院理工学研究科建築学専攻修了後、90年鹿島建設建築設計本部入社、現在にいたる。『建築を拓く』（鹿島出版会）、『眼科プラクティス14 ロービジョンケアガイド』（文光堂）に執筆。論文に『都市・建築におけるデザインの可能性―ロービジョン者の視点から』（日本眼科紀要会 眼紀57）、「中部国際空港旅客ターミナルビルへのユニヴァーサルデザイン導入 その2」（第2回国際ユニヴァーサルデザイン会議2006）、「ロービジョンに配慮した空間デザインの考え方について――中部国際空港旅客ターミナルビルの取組みを通して」（日本福祉のまちづくり学会、第8回全国大会）等。桑沢デザイン研究所非常勤講師、一級建築士。

執筆協力者
赤司博之、冨田彰次／株式会社日建設計
今福義明／DPI日本会議 交通問題担当　　　　　　　　黒田和子／NPO愛知県難聴・中途失聴者協会事務局長
高木富生／NPO名古屋難聴者・中途失調者支援協会理事　　水口和志／社会福祉法人AJU自立の家 わだちコンピュータハウス
山口良行／社会福祉法人AJU自立の家 わだちコンピュータハウス　　山田昭義／社会福祉法人AJU自立の家 常務理事

制作協力
株式会社フェイズ／PHASE Co., Ltd.
ホリエテクニカルサービス

本書の情報保障について

本書のデータ版(テキストデータ収録)を頒布しております。
視覚障害、肢体不自由、学習障害等の理由から、本書をそのままの状態で読むことができない読者への便宜を考え、本書の内容を収録したデータ版(テキストデータ収録)を定価と同価格にて頒布しております。

データ版は、NPO法人バリアフリー資料リソースセンター(BRC)が鹿島出版会からの委託を受けて取り扱っております。
データ版の提供形式は、CD-R、メールによるファイル添付のいずれかとなります。
お申し込みは、BRCのウェブサイトへアクセスされるか、あるいは下記までご連絡ください(お問い合わせいただく際には、必ず書名『中部国際空港のユニバーサルデザイン』をお伝え下さい)。

お申し込み・お問い合わせ：
NPO法人バリアフリー資料リソースセンター
http://www.dokusho.org/
電話　　：03-3950-5260
FAX　　：03-5988-9161
e-メール：info@dokusho.org

中部国際空港のユニバーサルデザイン
プロセスからデザインの検証まで

発　　　行	2007年7月30日ⓒ
監 修 者	中部国際空港株式会社
編 著 者	谷口 元・磯部友彦・森崎康宣・原 利明
発 行 者	鹿島光一
発 行 所	鹿島出版会 〒100-6006 東京都千代田区霞が関3-2-5 霞が関ビル6F 電話 03-5510-5400 振替 00160-2-180883 http://www.kajima-publishing.co.jp
装　　　丁	B・Group
Ｄ Ｔ Ｐ	エムツークリエイト
印刷製本	三美印刷

ISBN978-4-306-07259-6　C3052　　　Printed in Japan

無断転載を禁じます。落丁・乱丁はお取り替えいたします。
本書の内容に関するご意見・ご感想は下記までお寄せください。
info@kajima-publishing.co.jp